Fang nuet

Hvordan påvirker dit brug af sociale medier
dig i livet udenfor skærmen?

Kathrine Paaske

KÆRE LÆSER

Med denne bog vil jeg invitere dig til at stoppe op, vende blikket indad og undersøge hvor meget sociale medier får lov til at være en del af dit liv og hvordan dit brug påvirker dig.

I en tid præget af en stigende digitalisering er mange forskellige faktorer med til at påvirke os som mennesker, så hvorfor ser jeg et behov for at zoome ind på sociale medier?

En af grundene er, at sociale medier *måske* er den største årsag til, at flere af os får sværere ved at være til stede i vores liv udenfor skærmen.

En anden grund er, at flere af os får sværere ved at "like" os selv, for dem vi er, fordi vi konstant har muligheden for at sammenligne os med andres glamourøse selviscenesættelse online

– og dét fortjener vores opmærksomhed.

ISBN 978-87-4304-437-6

INDHOLD

FORORD 9

INDLEDNING 15

   BOGENS OPBYGNING 23

KAPITEL 1 29

   URHJERNEN PÅ GLATIS 34

   FLOKDYR, IKKE SKÆRMTROLDE 40

   TÆND FOR DIN BEVIDSTHED 47

KAPITEL 2 49

   TILKOBLET VS. FRAKOBLET 53

   MIDDELMÅDIGT TIL STEDE 57

   AT STÅ STILLE 61

   TÆND FOR DIN BEVIDSTHED 64

KAPITEL 3 67

   KROPPEN HUSKER 70

   DE OVERFLADISKE DELINGER 73

   VORES LIVS ØJEBLIKKE 78

   HVAD LÆRER VORES BØRN? 85

   TÆND FOR DIN BEVIDSTHED 91

KAPITEL 4 93

   LIKES - EN MÅLESTOK FOR SELVÆRD 96

   EN TILFREDSSTILLENDE TOMMELFINGER 104

   ET VOKSENDE ANSVAR 109

   TÆND FOR DIN BEVIDSTHED 114

KAPITEL 5 117

ET SMUKT YDRE 120

INDE BAG FACADEN 127

ET FALSK SELV 130

TÆND FOR DIN BEVIDSTHED 135

KAPITEL 6 138

AT FALDE I MED BEGGE BEN 141

AT GØRE SIG UAFHÆNGIG 146

TÆND FOR DIN BEVIDSTHED 152

KAPITEL 7 154

BLIV BEVIDST 161

TRÆF NYE VALG 165

SE OP OG SANS VERDEN 170

TIL FORÆLDRE 175

DIT BARN ER UNDER 13 ÅR 180

DIT BARN ER TEENAGER 184

NOTER 189

FORORD

Jeg begyndte at skrive denne bog i 2016, da jeg var psykologistuderende på fjerde semester. Jeg var meget optaget af, hvordan brugen af vores smartphones i større og større grad stod i vejen for den menneskelige kontakt mellem venner og familie, på trods af at man fysisk befandt sig i det samme rum. Jeg var en uforstående observatør i min familie, mens smartphonen fandt sin vej ind til aftensmadsbordet og blev fast inventar i sofaen lørdag aften, mens fjernsynet kørte. Særligt lagde jeg mærke til, at den tit blev taget op af lommen, selvom jeg var ved at snakke med telefonens ejermand. Disse iagttagelser satte gang i en masse tanker, og jeg var fyldt op af en frustration over at nærværet til de mennesker omkring mig, i højere grad end før, blev forstyrret af vores telefoner. Det havde jeg svært ved at forlige mig med, og både min mand og min familie var offer for denne frustration, fordi den kom ud som barnlige anklager mod deres nye vaner.

Gennem psykologistudiet blev jeg klar over, at der også er andre ulemper ved brugen af smartphones. Jeg havde sociale medier som Facebook og Snapchat, og det var flere gange dagligt, at jeg ikke kunne nå at holde mig orienteret om, hvorvidt jeg havde nået at svare på de begivenheder og beskeder, som krævede min opmærksomhed. Det gjorde, at jeg ofte havde en oplevelse af, at jeg næsten ikke kunne følge med i det tempo, som jeg følte, blev forventet af mig. Jeg kunne dermed ikke være med på det sociale plan på lige fod med de af mine veninder, som ikke blev stressede af at være på sociale medier. Eller som måske ikke var klar over, at det påvirkede dem, men som formåede at leve i det. Jeg iagttog også, at jeg dagligt blev forstyrret af utallige computerskærme, som lyste op med den blå Facebook-farve til vores forelæsninger, og jeg havde enormt svært ved

9

at koncentrere mig. På studiet begyndte jeg at interessere mig for den forskning, som allerede havde sat spot på, hvordan unges brug af sociale medier medførte nogle negative konsekvenser. Det gik op for mig, at mange undersøgelser rettede sig mod at belyse, om der kunne være en sammenhæng mellem brugen af sociale medier og en øget tendens til, at særligt unge udviklede symptomer på stress, depression, angst og ensomhed. Senere på studiet i mit speciale havde mit fokus flyttet sig yderligere, fordi det åbenlyse for mig på daværende tidspunkt var, at selv hvis man rettede fokus væk fra de psykiatriske problemstillinger, så var der nogle mere underliggende negative konsekvenser, som ramte et langt større publikum. Nemlig at unges brug af sociale medier har en indvirkning på deres selvværd og livskvalitet. Og dét fangede min opmærksomhed.

Under studiet havde jeg Svend Brinkmann som foreæser i socialpsykologi, og jeg var meget enig i hans betragtninger om vores samfund, som ét, der konstant kræver, at vi mennesker udvikler os og bevæger os, frem for at stå stille. I mine øjne er dette fokus særligt fremtrædende på sociale medier. Ved at vi sammenligner os selv med hele verden, og at denne sammenligning i høj grad baserer sig på vores redigerede ydre, skaber det et overfladisk fokus, der kan give os en følelse af meningsløshed. Derudover er der et dominerende fokus på vores præstationer og fortællinger om at "gøre" hele tiden, frem for blot lade os finde ro i at være, som vi er. Jeg sendte ham derfor en mail, hvori jeg spurgte, om han kunne skrive en bog om, hvordan sociale medier er med til at fremme et uhensigtsmæssigt fokus for menneskers psykologiske velbefindende. Svend opfordrede mig til selv at skrive den bog, og det fik mig til at gå i gang. Jeg kan tydeligt huske, at jeg sad i sofaen oppe i vores lille lejlighed på fjerde sal i Øgadekvarteret i Aalborg og havde åbnet et worddokument. Jeg var nået frem til den konklusion, at hvis jeg skulle sætte fokus på emnet, så var jeg nødt til at omformulere mine frustationer til et værdifuldt produkt, som ikke bare pegede fingre. Det var vigtigt, at bogen bød på forslag til, hvad vi skal gøre ved vores telefonvaner, så de hverken står i vejen for samværet mellem os mennesker, eller vores evne til at synes godt om os selv, uden at få andres bekræftelse i form af likes.

Dér startede min rejse, som efterhånden har været undervejs i nogle år. Men på trods af at den digitale udvikling bevæger sig med hastige skridt, finder jeg stadig bogens overvejelser aktuelle. I mine øjne er nogle af udfordringerne, ved vores brug af sociale medier, kun blevet større. I lyset af det seneste halvandet år med Covid-19 restriktioner er jeg også blevet bekræftet i, at vores digitale adfærd er mangelfuld i forhold til at opfylde vores behov for socialt samvær. På trods af at vores digitale verden muliggjorde socialt samvær på en alternativ måde, mens vi sad derhjemme ekskluderet fra vores normale hverdag, så hungrede de fleste af os efter det, som gav vores liv kulør; nemlig at kunne mødes i det fysiske rum med andre mennesker.

Som psykolog i Pædagogisk Psykologisk Rådgivning i Thisted Kommune, hvor jeg arbejder med børn og unges trivsel i skolen, stod det mig meget klart at børn og unge havde brug for at få en normal hverdag igen, hvor de ikke var isoleret. Flere børn og unge, der havde det svært inden Covid-19 nedlukningerne, har forventeligt kun fået sværere ved at komme i skole efterfølgende. Men børn og unge, der ikke viste tegn på mistrivsel før, er også blevet berørt af det sårbare i at have været isoleret fra alt det rutinemæssige i deres verden, som dagligt bekræftede dem i alt det, de kunne mestre. Selv for nogle voksne var det nervepirrende at skulle forlade hjemmekontoret og teste, om man kunne fungere i den hverdag, man havde før; *kan vi huske, hvordan man er social?*

Som mennesker er vi meget forskellige, både i vores behov og værdier. Af den grund reagerer vi forskelligt på vores brug af sociale medier og andre kommunikationsflader i livet online. Mens nogle mennesker ser udfordringer og begrænsninger ved et øget brug af medierne, ser andre fordele og muligheder ved selvsamme. Det er derfor heller ikke lige problematisk for alle, og nogle mennesker har let ved at navigere i den konstante informationsstrøm af sociale medier og nyhedsapps. Min egen mand elsker alle de muligheder, som hans telefon giver ham, og det er vigtigt, at der er plads til vores forskelligheder, og at vi hver især finder vores vej i en verden præget af en stigende digitalisering. Men selvom han er videbegærlig, oplever han indimellem også et behov for at få en pause, og det kan være svært at tage sådan en. Sociale medier er bestemt ikke eneansvarlige for at tage al vores tid, men jeg mener, at de er én af de største tidsrøvere i de seneste årtier, og derfor tror jeg, at manges liv ville ændre sig til det bedre, hvis de begyndte at logge mere *af* sociale medier og mere *på* livet udenfor skærmen.

Et andet opmærksomhedspunkt, som jeg har fået efter at være blevet mor, er hvordan vores skærmbrug påvirker relationen til vores børn. Jeg ser forældre omkring mig, der bruger meget tid på telefonen, mens de er sammen med deres børn, og det bekymrer mig. Som psykolog tænker jeg både på, hvilke tanker og oplevelser, som dette sætter gang i hos børnene, men jeg mener også, at det sandsynligvis sker, uden at forældrene har taget et valg om, at de vil nedprioritere børnene til fordel for deres telefon. Det er derfor ikke for at påpege fejl og mangler, at jeg bringer emnet op. Men i en digital tidsalder, må vi erkende, at vores telefonvaner har en indvirkning på vores små og store børn. Og dér har vi et ansvar for at påvirke børn i så lav en grad som muligt.

Derfor er mit ønske med bogen, at jeg kan være med til at starte en refleksionsproces hos dig som læser, der kan hjælpe dig til at nå frem til en større erkendelse af, hvad du vælger at bruge din dyrebare tid på. For mig er budskabet enkelt; det er vigtigt, at vi undersøger, hvor meget sociale medier fylder i vores liv, og at vi tager stilling til, hvorvidt det er for meget, for så dernæst at forholde os til, hvordan denne brug påvirker os.

TAK

Jeg vil gerne sige tak til mine forældre, som har læst brudstykker af manuskriptet og bakket mig op i min drøm om at skrive denne bog. Tak til min svigermor, som allerede i manuskriptets spæde start fandt de første kapitler relevante og humoristiske, det gav mig incitament til at fortsætte.

Tak til min veninde Kristina Pedersen, der læste hele manuskriptet på et kritisk tidspunkt, og som fandt mine tanker værdifulde i sin egen søgen efter en balance mellem sine skærmvaner og familielivet med to små børn. Tak til min veninde Emma Lunde Michaelsen, sammen skrev vi vores kandidatspeciale #Erjeggodnok? som førte os dybt ned i de videnskabelige undersøgelser, der bekræftede os i, at sociale medier i høj grad har indvirkning på unges selvværd og kropsopfattelse. Du har været en enorm hjælp til at afdække dette område, som jeg finder så yderst interessant og vigtigt!

Tak til min ven Theiss Bendixen, som har givet mig værdifulde kommentarer på manuskriptet og været en stor hjælp på min vej mod udgivelse. Dernæst vil jeg gerne takke min forhenværende redaktør Mille Kristensen, som så lyset i min bog og troede på, at mine budskaber skulle ud til et rigtigt publikum.

Til sidst, men ikke mindst, skal der lyde en kæmpe tak til dig Daniel. Min rummende mand, som dagligt gennem flere år har lagt øre til mine tanker omkring vores øgede brug af sociale medier. Tak for din indsats i slutspurten ud på de sene aftentimer med fuldtidsarbejde, en treårig og et tikkende ur mod endnu et kommende faderskab. Du er min klippe.

INDLEDNING

Tænker du indimellem over, hvad du går glip af i livet udenfor skærmen, når du kigger ned i din telefon og logger på sociale medier? Overvejer du, hvad du går glip af, når du scroller ned over dit Facebook eller Instagram feed med alt fra selfies, lifehacks, opskrifter til nyheder – i færd med at haste ud ad døren? Bemærker du, hvad du går glip af, når du tjekker Snaps fra vennerne eller din ustandseligt voksende indbakke – mens du glider ubemærket ind i din egen verden til mødet på arbejdet, i undervisningen eller ved middagsbordet med familien? Mon du misser et smil fra din kollega, ven, kæreste eller dit barn, som vil gøre, at du har tabt en lille del af den sociale kontekst, du vågner op til, når du kigger op fra skærmen næste gang? Eller som vil gøre, at dit barn eller ven måske tænker, at de ikke er vigtige nok til at få din øjenkontakt og fulde opmærksomhed?

Udefra kunne det se ud som om at flere af os går mere op i, hvad vi går glip af på sociale medier, end hvad vi undgår at få med fra livet udenfor skærmen. Det er måske sjældent, at vi holder de to ting op imod hinanden i det gældende øjeblik, og det ene udelukker da heller ikke nødvendigvis det andet. Det ville være en simplificering at sætte et rungende lighedstegn mellem vores øgede interesse i livet online og et fravær af nærvær i livet udenfor skærmen. Men på trods af dette er det alligevel svært at forestille sig, at tiden på skærmen ikke påvirker vores virkelige liv.

Bør vi overveje, hvad vi går glip af i forbifarten, når vi snupper vores telefon, hver gang vi har et øjebliks ro? Har du overvejet, hvad et toiletbesøg ellers kunne byde på, hvis du ikke sad foroverbøjet med din telefon i den ene hånd, og den anden hånd dansende hen over skærmen i et forsøg på at få overstået forskellige gøremål eller blot holde dig opdateret på hele verden, mens du alligevel sidder

15

lænket til kummen? (jeg beklager min indirekte fornærmelse, hvis du aldrig har en date med din telefon i denne situation. Det er min opfattelse, at vi er mange, der har det). Hvis du ér en af dem, som indimellem har din telefon med på wc, har du sikkert overvejet, om du skulle lade være. Du har sikkert taget dig selv i at opdage din telefon i hånden ved adskillelige lejligheder, mens du har glemt alt om, hvorfor og hvordan den er havnet dér. Det har du måske, fordi du har hørt de løftede pegefingre om vores alt for høje skærmbrug, og derfor tager du dig selv i at bemærke dit skærmbrug fra tid til anden. Dét er ikke nyt – vi ved det skam godt.

Så hvorfor vælger mange af os alligevel at lade sociale medier sluge så meget af vores tid? En forklaring kan være, at vi er fanget i en afhængighedsfælde, hvor det ene besøg på sociale medier afføder det næste. Vi har måske ovenikøbet bildt os selv ind, at det er godt for os, fordi det skaber en følelse af tilfredshed med øjeblikkelig virkning, når vi får det ene like efter det andet. Vi mærker også, at sociale medier giver os mere end bare en følelse af tilfredshed; nemlig et socialt tilhørssted. Når sociale medier går ind og opfylder vores behov, kommer vi til at tro, at vi har brug for dem. Vi kan derfor komme til at føle et behov for at blive bekræftet i vores opslag eller selfies for at synes godt om os selv. Ligesom vi kan have overbevist os selv om, at vi har brug for dem for at føle os som en del af det sociale liv. Derfor kunne man sige, at vores telefonvaner kommer til at træffe valget for os, i modsætning til at vi selv aktivt vælger at logge på sociale medier.

Akkurat ligesom nikotin i cigaretter.

De fleste rygere ved f.eks. godt, at rygning er skadeligt i det lange løb, men alligevel er det svært for dem at stoppe med at ryge. På samme måde har de fleste mennesker svært ved at forholde sig til de langsigtede konsekvenser af deres vanedannende behov for at tjekke sociale medier. Dette er jo dybest set forståeligt, fordi vi ikke kender de langtidssigtede konsekvenser af denne adfærd endnu. Et bud på sådanne konsekvenser kunne dog være, at vi i højere grad vil mangle ro og tid i vores hverdag, som kan øge risikoen for at opleve symptomer på stress. Et andet bud, som denne bog også har valgt at belyse, er risikoen for at indholdet på sociale medier vil påvirke os på et langt dybere plan som mennesker. Dette kunne indbefatte vores grundtanker og følelser om os selv og herved få indflydelse på vores selvværd.

Om det er rygning eller et øget brug af sociale medier, vil dét at træde ud af en eventuel afhængighed kræve, at vi handler på en motivation, der sikrer vores livskvalitet på den lange bane og i mindre grad er kortsigtet og behovsstyret. Den ret væsentlige pointe i denne sammenhæng er, at det kræver en hel del af vores bevidsthed at træde ud af den afhængighedsfælde som sociale medier, er blevet for mange mennesker. Det er ikke nok, at vi godt ved, at vi ikke selv kan styre vores behov for at holde os opdaterede. Vi skal også blive bevidste om det, når vi gør det, og korrigere os selv gang på gang. Med andre ord er det altså enormt svært for os at indtage kontrollen over vores digitale vaner, og hvis dette er svært for mennesker generelt, så er det ekstraordinært svært for børn og unge. Børn og unge er i højere grad end voksne styret af deres impulser og umiddelbare behov, som blandt andet kan forklares i den neurologiske udvikling i hjernen. Dette vil vi vende tilbage til i kapitel fire.

I 2019 satte Deloitte netop fokus på de negative konsekvenser ved unges brug af sociale medier[1]. I en omfangsrig undersøgelse svarede lidt over halvdelen af de 17-36-årige, at deres brug af sociale medier medførte mere negativt end positivt til deres hverdag, og at de ville være mere sunde og glade uden sociale medier. 49 pct. uddybede, at de ønskede helt at stoppe deres brug af sociale medier, men at de havde svært ved at udføre dette i praksis, da de oplevede at blive urolige, når de ikke brugte medierne i ganske få dage. Dette er ét eksempel på den afhængighed, som vores brug af sociale medier er præget af. Det kan fortælle os noget om, at nogle af os bruger sociale medier, uden at det nødvendigvis er et tilvalg, som gavner os. Men på trods af, at vi når frem til den erkendelse, er det ikke sådan lige til at slippe fri af sociale mediers greb – og dét bør vi tage alvorligt. For voksne vil det være nemmere at træde ud af fællesskabet og det vanedannende brug af sociale medier, men for børn og unge er det fuldstændig kontraintuitivt. Deres sociale liv er tæt på det vigtigste i verden, og derfor står børn og unge i en situation, hvor det kan være hårdt at føle sig forpligtet til at følge med på sociale medier, samtidig med at det føles umuligt for dem at lade være. De oplever ikke, at de har et valg, for selvfølgelig skal man være en del af sociale medier, ellers er man jo ikke med. Hvis børn og unge selv skulle kunne træde ud af deres afhængighedsprægede skærmforbrug, ville det kræve, at de kunne se sig selv fra et helikopterperspektiv. Derudover ville de selv skulle evne at trampe de nye stier, som der kræves for at gå en anden vej og ændre deres vaner, og dét er svært. Det er svært, selv for mange voksne.

"DERFOR ER SELVVÆRDSPROBLEMATIKKEN RELEVANT FOR ALLE UANSET ALDER, FORDI SOCIALE MEDIERS PERFEKTE GLANS PRIKKER TIL NOGET HELT GRUNDLÆGGENDE I OS SOM MENNESKE: *ER JEG GOD NOK?*"

Børn og voksne bliver som udgangspunkt påvirket af de samme elementer på sociale medier, mens nuancerne og graden af påvirkningen varierer. Børn og unge er mere sårbare over for social sammenligning end voksne er, og derfor bliver deres selvværd udfordret af at være på sociale medier. Når jeg bruger ordet *selvværd,* er jeg inspireret af Susan Harters forståelse af en persons overordnede evaluering af sig selv, og dermed i hvor høj grad en person finder sig selv værdifuld[2]. Dette rummer både ens tanker og følelser i forhold til én selv, og afspejler hvordan en person vurderer sig selv i forskellige arenaer i livet. Derfor er det den samlede evaluering af én selv inden for disse domæner, der til sammen manifesterer sig som en persons selvværd. Nogle af Harters domæner er eksempelvis: *faglige kompetencer, sociale kompetencer, fysisk fremtræden, adfærdsfremtræden* og *tætte venskaber.* Ens selvværd kan derfor godt være lavt i forhold til ens udseende, mens det kan være højt på det sociale område. På samme måde kan ens overordnede selvværd være højt, hvis man har mange domæner, hvor man er tilfreds med sig selv, selvom man måske har lavt selvværd indenfor få domæner. En vigtig del af ens egen opfattelse af sig selv, er hvordan andre mennesker ser og anerkender én, for den man er. Derfor argumenterer Harter for, at børn og unges selvværd ikke kun er reflekteret af deres egne opfattelser af, hvordan de ser sig selv, men også bygger på at forældre, venner eller andre personer, som står dem nært, anerkender og støtter dem. Disse betydningsfulde andre fungerer således som "sociale spejle", fordi vi bliver påvirket af hvordan andre ser os.

Mange psykologiske undersøgelser fremhæver, at sociale medier udfordrer en stor del af os i dag, i forhold til at vi konstant præsenteres for en selviscenesættelse, der bygger på, hvor godt andre klarer sig og hvor smukke vores netværk tager sig ud på deres billeder[3]. Dette kan have forskellige konsekvenser for vores psykologiske velbefindende, og blandt andet Erving Goffman vil senere i bogen blive brugt til at reflektere over denne performance, som vi alle udøver. På grund af vores online selviscenesættelse kommer vi hurtigt til at være en del af dette kapløb om præstationer og perfektion på de overfladiske områder af vores liv, såsom vores udseende. Men vi konkurrerer også indirekte om de mere dybtliggende sider i vores liv, som f.eks. når vi poster billeder af vores nyfødte børn eller bryllup. For mange af os sker alt dette, uden at vi har intentioner om at konkurrere med hinanden. Men når vi som modtagere betragter de perfekte billeder og indtryk på sociale medier, kommer vi instinktivt til at spejle os selv i andres liv. Det ligger i menneskets natur, at vi sammenligner os selv med andre, og at vi hver især er mere eller mindre sårbare overfor denne sammenligning[4]. Børn og unge er særligt fintfølende overfor denne sammenligning, mens voksne i højere grad evner at efterrationalisere billederne. Men på trods af at voksne er mere robuste, er det de færreste, der kan se sig helt fri fra at sammenligne sig med andre på sociale medier. Derfor er selvværdsproblematikken relevant for alle uanset alder, fordi sociale mediers perfekte glans prikker til noget helt grundlæggende i os som menneske: *Er jeg god nok?*

Når vi betragter andre mennesker i dag på sociale medier, kan det være svært at overbevise os selv om, at vi er gode nok, fordi vi sjældent sammenligner os selv med andres naturlige udseende. Ligesom vi heller ikke sammenligner vores evner og formåen med andres middelmådige præstationer og off-dage. På sociale medier glemmer vi ofte, at det er en dårlig idé at sammenligne os selv med det, vi ser, fordi det er en redigeret version af virkeligheden, og dén er der ingen, der kan måle sig med. Det kræver enormt meget bevidsthed og selvdisciplin at påminde sig selv om dette – og dét bør vi tage alvorligt.

En anden problematik ved vores skærmbrug er, at det fratager os vores tilstedeværelse i virkeligheden blandt de mennesker, som sidder lige for næsen af os. Flere mennesker omkring mig er sjældent blot til stede i det rum, de befinder sig i. Mange føler et behov for regelmæssigt at holde sig opdateret på sociale medier og i stedet være tilgængelig i en anden verden. For mig at se, tenderer det til en overdreven brug af medier, som ikke kan erstatte den virkelige verden og heller ikke bør gøre det. Jeg kender selvfølgelig også mennesker, der ikke bruger sociale medier aktivt hver dag, men det er en minoritet. Det er dem, der vælger at lade deres telefon ligge i tasken, når de er sociale, og det sætter jeg stor pris på. Det fortæller mig, at de rent faktisk er til stede sammen med mig, og at de tilvælger det og fravælger andre interessante gøremål og kontakter i det tidsrum.

I tråd med vores viden om afhængighed går det væsentlige spørgsmål dog på, om vi oplever et reelt behov for at tjekke sociale medier, eller om vi, et eller andet sted på vejen i denne hastigt frembrusende digitaliserede verden, er blevet snydt til at *tro,* at vi har et behov. Der er en bemærkelsesværdig forskel i dette forhold, og det er vigtigt, "hvem" der bestemmer. Hvis telefoner og sociale medier får lov til at styre vores liv, kan vi nemlig blive påvirket til at glemme at tage tilling til, hvorvidt det gør nogen forskel, om vi er 100 pct. til stede i det virkelige liv. Ved at vi gradvist selv begynder at indtage kontrollen over vores telefonvaner, vil vi i højere grad blive konfronteret med valget om; hvilke detaljer vi vil være foruden, og hvilke vi for alt i verden ikke vil gå glip af.

Måske sidder du lige nu og tænker: *Jeg tjekker da også mine beskeder, når jeg er social – er jeg så én af dem, som den skeptiske forfatter kategoriserer som "fraværende"?* Det kunne du meget nemt være, ja. Ikke fordi du bevidst vælger at være fraværende, men fordi du ligesom mange andre simpelthen bare kommer til at være det. Der er derfor en stor sandsynlighed for, at du ikke har taget et reelt valg om, at du ikke vil høre efter, hvad din moster siger til familiefødselsdagen, fordi du lige skal tjekke hende, du følger på Instagram. Jeg tror, at vi er en hel del, der glemmer at tage bevidste valg, og derfor får vores telefon lov til at vælge for os i ni ud af ti tilfælde. Men det er godt, at du har åbnet den her bog, for jeg mener, at det er helt væsentligt, at vi stiller os selv dette spørgsmål: Hvem vælger vi at være sammen med; dem lige foran os eller dem, der er online på skærmen? Hold lige fast i den tanke, mens du læser videre.

Som menneske sender vi signaler via vores handlinger, kropssprog og ordvalg. Nogle er ubevidst sendt af sted, mens andre er bevidste valg. Ét af de bevidste signaler bør i mine øjne være, at vi rent faktisk viser interesse for de mennesker, som vi sidder overfor. Det vil måske kunne bidrage med noget meningsfuldt til vores venskaber og andre relationer, at vi kun er sammen med *dem*, når vi ses. Særligt børn er i risiko for at skulle kæmpe om pladserne, når tiden online og offline bliver gjort op. For nogle børn er forældrenes telefoner måske den største barriere, for at opleve deres fulde nærvær. Derfor har forældre i dag et stort ansvar for at vise deres børn, at de hellere vil fokusere på dem end skærmen foran dem. For hvordan føles det egentlig at føle sig mindre vigtig end en telefon?

Det er nogle af de overvejelser, som vi bør gøre os i en digitaliseret verden, hvor skærme fylder langt mere end de gjorde for blot ti år siden. Måske er konsekvenserne små og usynlige for det blotte øje, men det gør dem ikke ubetydelige.

'VI KAN IKKE VÆRE TO STEDER PÅ ÉN GANG, OG DERFOR ER DET HØJST SANDSYNLIGT AT VORES INTERESSE I LIVET ONLINE SKER PÅ BEKOSTNING AF NOGET ANDET'

Med ovenstående har jeg introduceret tre perspektiver, der i mine øjne er vigtige at dykke ned i, når vi spørger os selv, hvordan et øget brug af sociale medier påvirker os som mennesker i dag.

Der er det usynlige vanedannende perspektiv, hvor afhængigheden kan spille en stor rolle, uden at vi nødvendigvis tillægger den særlig meget opmærksomhed. Dét, at vi bliver afhængige af at tjekke sociale medier, har dog en afgørende betydning for vores brug. Af den grund får vi nemlig sværere ved at se, at vi bliver revet mere og mere ud af det nu, som udspiller sig lige foran os. Vi kan ikke være to steder på én gang, og derfor er det højst sandsynligt, at vores interesse i livet online sker på bekostning af noget andet.

Dernæst er der vores selvværd, som i dag er meget eksponeret for at blive påvirket af overfladiske værdier, fordi vi ubevidst kommer til at tro, at vi skal være perfekte, når vi sammenligner os selv med andre på sociale medier. Mange af de ting, som vi kommer til at stræbe efter, er så langt fra vores grundlæggende behov for at elske os selv ubetinget og blot *være*, i stedet for at få anerkendelse for at *gøre* hele tiden.

Det sidste perspektiv omhandler et øget fravær af nærvær i nuet mellem de mennesker, som vi fysisk befinder os sammen med. Det er vigtigt at dykke ned i, fordi vi bliver påvirket af de signaler, som vi sender til hinanden. Mennesket er et biologisk væsen, og jo mere vi ser ned i en skærm, desto mindre tid har vi til at få opfyldt vores behov for øjenkontakt, fysisk berøring og nærvær.

BOGENS OPBYGNING

Min umættelige interesse for, hvordan vi som mennesker bliver påvirket af et øget brug af sociale medier, kredser sig i høj grad om de tre ovenstående perspektiver. Derfor er bogens syv kapitler udsprunget af disse refleksioner og vil overlappe hinanden indimellem. Ens for dem alle er, at de overordnet er guidet af en hypotese om, hvilke konsekvenser vores brug af sociale medier kan have på os.

Bogen er ikke tænkt som et forsøg på at gøre mig til dommer over, hvorvidt du som læser bruger for meget tid på sociale medier, eller om det er godt eller skidt for dig. Vi er alle forskellige, selvom vi som mennesker grundlæggende har samme behov. Derfor vil nogle betragtninger være mulige at overføre til et større generaliserende plan, mens det med andre vil være meningsløst.

I og med at vi alle er forskellige, er det vigtigt, at vi selv går på opdagelse i vores tanker og reaktioner på vores mediebrug. Det centrale ved bogen er dermed, at jeg gennem bogen vil hjælpe dig med at øge din bevidsthed om, hvordan lige netop du bliver påvirket. Gennem spørgsmål, der retter sig mod din brug af sociale medier, kan du begynde at overveje, om dit forbrug er præget af bevidste eller ubevidste valg, og hvilke konsekvenser det har for dig selv og dit liv. Som vi allerede har været inde på, er der ofte tale om et ubevidst valg. Mange oplever det som det mest naturlige i verden at være på sociale medier flere gange om dagen, og måske endda; mere naturligt at bruge tid online end at være sammen med sine venner i den virkelige verden. Det er klart, at mange gør det. Sådan er det med vaner. Det er jo netop en vane, fordi vi ikke tænker over det. Det er i dag så hyppigt at være på sociale medier, at mange af os ikke engang lægger mærke til, at vi konstant *tilvælger* det frem for noget andet. Det er langt mere upopulært at sætte spørgsmålstegn ved brugen af sociale medier end blot at følge med strømmen. Men betyder det, at spørgsmålene ikke bør stilles? *I bestræbelsen på ikke at gå glip af livet online, risikerer vi at gå glip af vores liv udenfor skærmen.* Det vil vi reflektere over i kapitel et.

Sociale medier dækker et behov, som verdens udvikling utvivlsomt har medført. Vi har i højere grad end tidligere et behov for at kunne netværke og kommunikere med folk på den anden side af jorden. På sociale medier får vi mulighed for at efterleve disse behov. Vi har med andre ord fået uanede muligheder for at være flere steder på én gang, og fordi vi har disse muligheder, benytter vi os af dem. Vi logger på sociale medier flere gange om dagen, fordi vi *kan*. Det er så tilgængeligt og fristende, at mange af os ikke engang logger af. Men hvilke konsekvenser har dette for vores psykologiske velbefindende? *I bestræbelsen på at få det hele med online, risikerer vi at mangle den ro og balance, som vi psykologisk set har brug for.* Det vil vi se på i kapitel to.

Sociale medier er efterhånden blevet oversvømmet med andres liv (hvilket hænger fint sammen med betegnelsen *sociale* medier, den er jeg godt med på), men er det ved at nå det punkt, hvor det simpelthen er for meget? Har vi brug for at vide, hvad alle andre laver (og tænker) flere gange om dagen, og bidrager det med noget meningsfyldt til vores liv? Kunne det tænkes, at vi i forsøget på at dokumentere alt på sociale medier, både hvad angår vores venskaber, sportslige præstationer (før- og efter-billederne), familieture i Zoo, cafebesøg med veninderne og vores vilde natteliv (i hvert fald før- og "under"-billederne), glemmer at spørge os selv, hvorfor vi gør det, og for hvis skyld? *I bestræbelsen på at dele vores liv på sociale medier, risikerer vi at glemme blot at være til for vores egen skyld.* Det vender vi tilbage til i kapitel tre.

Som tidligere nævnt, har vi med sociale medier fået muligheden for at sammenligne os selv med hele verden, både hvad angår vores karriereambitioner, rejsedrømme, bedrifter på det mere personlige plan, udseende og antallet af venner, følgere og likes. Med andre ord har vi fået muligheden for konstant at bedømme os selv og andre.

Når man er teenager, betyder social accept mere end det gør, når man er 30 år. Flere psykologiske undersøgelser har vist, at antallet af likes, kommentarer på Facebook, følgere på Instagram og "streaks" på Snapchat påvirker unges selvværd i dag, fordi antallet af venner, likes og kommentarer bliver en synlig form for denne sociale accept[5]. Unges selvværd kan derfor komme til at afhænge af den sociale accept, som de modtager på sociale medier, og det er både på godt og ondt. Social anerkendelse er vigtigt for mennesker generelt, uanset alder. Derfor bliver mange af os stadig påvirket af at sammenligne os selv med vores netværk, på trods af at vi har rundet de 30. I forlængelse af den øgede mængde af online anerkendelse, kan man frygte, at sociale medier fanger os i sit edderkoppespind, hvor det bliver sværere at sætte pris på den sociale anerkendelse vi får, og hvor vi blot lokkes til at tro, at vi har brug for det næste like. Hvornår har vi indsamlet *nok* likes på Facebook og følgere på Instagram, før vi kan læne os tilbage og acceptere, at vi er gode nok, som vi er? *I bestræbelsen på at få likes på vores perfekte iscenesættelse online, får vi sværere ved at "like" os selv, for dem vi er.* Det vil vi se på i kapitel fire.

For nogle mennesker er sociale medier måske blevet en mere naturlig del af ens verden, end livet udenfor skærmen. Måske har de skabt sig en profil online, som svarer mere til det idealbillede, de har af dem selv, end det billede de viser folk, når de går i skole, på arbejde eller i fitness. På sociale medier vælger vi nemlig, hvad vi gerne vil have, at folk skal se, og på den måde kan vi iscenesætte os selv, akkurat ligesom vi ønsker. Modsat det billede, som vi viser på sociale medier, er virkeligheden dog ikke perfekt. Virkeligheden er fyldt med uperfekte mennesker, der har svært ved at udfylde rollen som den "perfekte" kæreste, ven, datter, søn, mor, far, elev, kollega osv. Måske har vi svært ved det, fordi det ikke er meningen at vi skal være perfekte. *I bestræbelsen på at vise vores bedste side på sociale medier, risikerer vi at opleve en uoverensstemmelse i vores selvopfattelse.* Altså, måden vi ser og oplever os selv på. Herved kan det blive svært for os at leve op til de høje krav, vi stiller til os selv og andre. Det vil vi overveje i kapitel fem.

De seneste år er modpolen til perfektionen blomstret op på sociale medier, som fokuserer på uperfektion, som en mere ønskværdig bestræbelse end perfektionen. Men spørgsmålet er, om denne selviscenesættelse er bedre for os end glansbilledet. Hvis den skulle være bedre for os, burde denne selviscenesættelse bygge på et lavere niveau af billedredigering og -udvælgelse. Men er det altid tilfældet? Kan vi overhovedet få øje på, hvad det virkelige alternativ til perfektionen er, når vi er begravet så dybt i vores vanedannende brug af sociale medier? *I bestræbelsen på at holde os opdaterede på sociale medier, risikerer vi at blive så afhængige af dem, at vi ikke kan se alternativet til livet online.* Det vil kapitel seks omhandle.

Med de seks ovenstående kapitler vil jeg hjælpe dig i retningen af en øget bevidsthed omkring dit brug af sociale medier. Diskussionerne har til hensigt at sætte gang i dine tanker og få dig til at stoppe op og undersøge, hvor du vælger at lægge din energi i løbet af dagen og hvilken indvirkning dit brug af sociale medier har på f.eks. dit humør, dit generelle stressniveau, din tilstedeværelse blandt de mennesker der er foran dig og ikke mindst dit selvværd. Med bogen håber jeg at kunne give dig nogle redskaber til at indtage kontrollen over din dyrebare tid, og her spiller vores bevidsthed en hjælpende rolle. I slutningen af hvert kapitel er de vigtigste spørgsmål opsummeret, så du kan "tænde" for din bevidsthed i forhold til kapitlets emne. Ved hjælp af en øget bevidsthed om, hvordan sociale medier påvirker os som unikke mennesker, kan vi skabe nye vaner, der er mere gavnlige for os. Derfor vil jeg i bogens sidste kapitel give dig nogle ideer til, hvordan du mere bevidst kan *logge af sociale medier og logge på livet udenfor skærmen.*

Bogens sidste afsnit er et tillæg til forældre med børn under 18 år, som dagligt bruger sociale medier. Hvis du er bekymret for, hvordan de påvirkes af denne brug, får du her nogle konkrete råd og spørgsmål, som du kan bruge til at tale med dine børn om emnet.

Rundt omkring mig ser jeg mennesker, der helt ubevidst glemmer den virkelighed, der er lige for næsen af dem. Den virkelighed, der i mine øjne kan frembringe en langt højere grad af lykke, end sociale medier formår.

Hvis du blot ser ned i din telefon tre gange om dagen, synes jeg ikke, at du skal være bange for at blive blind for virkeligheden foran dig. Der er forskel på, om vi gør det indimellem, eller om vi gør det konstant. Måske vil nogle fristes til at tænke, at man kun går glip af små detaljer i sit liv, når man *lige* tjekker sociale medier. Men er detaljerne ikke også de vigtigste? Er det ikke netop dem, der gør vores liv meningsfyldte og forskelligartede?

Vi skylder os selv at overveje, hvor meget sociale medier skal have lov til at fylde og hvor meget de skal have lov til at påvirke os. Fordi vi har rent faktisk et valg.

KAPITEL 1

I BESTRÆBELSEN PÅ IKKE AT GÅ GLIP AF LIVET ONLINE, RISIKERER VI AT GÅ GLIP AF VORES LIV UDENFOR SKÆRMEN

Det er lørdag morgen i sengen. Hvilke verdensomspændende nyheder er han gået glip af i nat? Han tjekker sin startside på Facebook og scroller ned over input fra nyhedsmedierne, som er blevet tilpasset specielt til ham ud fra hans seneste likes og interesser. Han kunne godt lide ideen om, hvor nemt det var blevet at indsamle ny viden og holde sig opdateret – den næste nyhed var aldrig længere væk end ét klik!

Han tjekker også lige, om der er sket noget på Instagram, og kan derudover se på de nye Snaps, at vennerne havde en sjov nat i byen i går. Bunken af arbejdsmails hober sig op i indbakken, og han skimmer dem hurtigt for at se, om han missede noget vigtigt fredag eftermiddag, som vil bide ham i halen mandag morgen. Samme konklusion som altid indhentede ham; han missede altid noget vigtigt, og han ville formentlig aldrig nå helt i bund.

Tiden flyver, og mens hans fokus er rettet mod de seneste nyheder om det amerikanske præsidentvalg på diverse nyhedsapps, bemærker han ikke, at hans bedre halvdel er stået op og har forladt soveværelset.

I takt med telefonernes indpas i vores liv 24/7, har de ikke alene fundet vej ind i soveværelset, men også i sofaen om aftenen, ved middagsbordet med familien eller ved torsdagshyggen med venneslænget, mens Primier Leauge kører i baggrunden og øllene er lukket op. At gå på wc, at lave mad, at stå i kø i Rema eller for den sags skyld, at bruge vores ene hånd til et gøremål – er ikke nødvendigvis en aktivitet, der udelukker, at vi tjekker vores telefon med den frie hånd.

Hvad blev der af kvalitetstid i sengen lørdag morgen med det andet levende menneske frem for en lille skærm? Bare dét at være til stede og hvile hovedet på den andens varme brystkasse en kold vintermorgen med frost på ruden. At nyde, at man ikke behøver at tage stilling til resten af verden, fordi man har alt det, man har brug for lige her og nu. Har vi glemt, at vi ikke *behøver* at tjekke, hvad der er sket på sociale medier med det samme vi vågner?

Vi kan komme til at *tro* det.

Men det er ikke en nødvendighed.

Spørgsmålet er, om det opfylder et væsentligt behov hos os, eller om det fjerner fokus fra det, der i virkeligheden er vigtigt for os? Hvis det ikke er et reelt behov vi har, så kommer helt væsentlige minutter til at gå med at surfe rundt på sociale medier, opslugt i andres liv, op til flere gange om dagen, *uden* at vi bevidst tager stilling til det.

For manges vedkommende tror jeg, at vores hjerne bliver snydt til at tro, at vi har brug for mere, og derfor inviteres både Trump, billeder af folks kæledyr, brownie-opskrifter, opslag om savnede familiemedlemmer og Antons syge søn med ind i sengen. For ikke at glemme, at endnu en af vores venner har en holdning til hvad, der sker i dansk politik – plus alverdens andre ødelæggelser.

Lækker start på dagen.

Det er ikke fordi, at jeg mangler sympati for Antons søn (og USA's befolkning). Problemet består i, at jeg hverken kan fjerne sygdommen eller Trump, så hvorfor i alverden skal de fylde i min seng lørdag morgen? Jeg har ingen intentioner om at fylde i *deres* seng, så hvorfor skal jeg forholde mig til deres eksistens, når de ikke bidrager en millimeter til, at min lørdag morgen bliver forbedret? Som psykolog, finder jeg det vigtigt, at vi spørger os selv *hvorfor* vi giver dem lov til at fylde i vores seng, og hvilken pris vi betaler for at følge med i alle detaljerne i resten af verden, mens detaljerne i vores eget liv står i anden række.

Som du allerede nu nok har gættet, sætter jeg stor pris på kvalitetstid i sengen lørdag morgen. Når alt kommer til alt, sætter jeg faktisk enormt stor pris på dét, der sker lige her og nu. Ovenstående eksempel i kursiv, er fra mit eget liv en tilfældig lørdag morgen, hvor jeg igangsatte et presserende forhør overfor min mand, for at finde ud af, hvad han havde fået ud af at surfe rundt på sin telefon en halv time den morgen. Konklusionen blev, at det afhæng af hvilke medier, han havde kigget på. Hvis jeg spurgte ind til, hvad der var sket i verden, kunne han huske samtlige nyheder, som havde gjort indtryk på ham. Men hvis jeg derimod ville have et indblik i, hvad han havde fået med fra sociale medier, kunne han ikke nævne noget konkret. Med lidt flere rynker om mine øjenbryn gik jeg fra vores dialog med det budskab, at han allerede havde glemt den information, han havde ladet indsluse i sin hjerne på sociale medier. Dette lod mig sidde tilbage med et rungende spørgsmål, som løbende har guidet mig gennem denne bog: Hvis vi reelt set ikke får noget med fra vores besøg på sociale medier, hvorfor så gå glip af nuet?

Som ovenstående eksempel er et levende bevis på; så ligner min mand og jeg hinanden ret lidt på dette område. Mens han nyder at ligge komfortabelt i sengen og blive klogere på verden, kan jeg ligge og stirre undrende på ham med en voksende irritation over, at jeg bliver "valgt fra" til fordel for noget, som han alligevel ikke kan huske bagefter.

Men dette er jo kun den halve sandhed, fordi som han selv siger; så vælger han mig ikke fra, men han vælger nyhederne til. Dette gør han, fordi det er vigtigt for ham, og det skal jeg respektere – også selvom jeg er kritisk overfor hans skærmbrug.

Der hvor jeg til gengæld har kunnet ændre en smule på hans automatiske adfærd er i forhold til det, som ikke er af betydning for ham, men som blot er tidsfordriv. Her er han blevet enormt bevidst om at registrere, når han bruger sin tid på noget, som egentlig ikke har værdi. Og her taler vi ikke om, at underholdning på sociale medier aldrig har værdi; underholdning kan sagtens være et bevidst tilvalg. Vi taler om, at der er forskel på, om vi er bevidste i vores tilvalg og dermed også har affundet os med, at det indbefatter et fravalg af noget andet.

Der er ingen tvivl om, at det kan diskuteres, hvad vi hver især finder gavnligt ved at være på sociale medier, og jeg ville være ekstremt snæversynet, hvis jeg påstod, at det hele var et stort tidsfordriv. For blot at nævne få af fordelene ved sociale medier, så har de medført en masse positive måder, hvorpå man kan udvide sine kontakter og ikke mindst holde dem ved lige. De har gjort det enormt let at koordinere mange menneskers deltagen i store arrangementer, og som min egen mands intuitive videbegær nyder godt af, så har de faciliteret, hvordan ny viden langt hurtigere, når frem til en, end førhen. Snapchat har eksempelvis gjort det nemmere at følge med i vores venner og families liv; blot ved enkelte klik kan vores billede være sendt afsted, og eftersom et billede siger mere end tusind ord, har det simplificeret kommunikationsprocessen gevaldigt. På den måde kan man på helt tæt hold følge med i de menneskers liv, som man ikke vil være foruden i sin hverdag, selvom travlhed og geografisk afstand distancerer os fra hinanden. På LinkedIn kan vi lettere holde os varme på karrierefronten ved at dele vores CV online, og platformen er herved et redskab til at udforme den karrierevej, som vi drømmer om. Instagram kan noget andet og åbner op for, at vi kan iscenesætte vores liv, så vi selv og andre kan se det udefra, og eftersom billeder tiltaler os, bliver mange af os forblændet af den fortælling, som muliggøres herpå. Sociale medier tilbyder os altså noget forskelligt alt afhængigt af platformen, og det er afgørende for, hvorfor de tiltaler os og er meningsgivende. Det er vel i bund og grund genialt.

Da min mand og jeg flyttede fra Nordjylland til Midtjylland for to år siden, kendte vi ikke en sjæl i området. Men på grund af forskellige Facebook-grupper lykkedes det mig at få et par kaffe-aftaler med nye mennesker, der blot havde kommenteret mit opslag, om at jeg gerne ville mødes med nogle i samme båd som mig. Dét var med sikkerhed med til, at jeg ikke gik derhjemme på barsel og blev ensom et helt nyt sted uden et netværk. Facebook faciliterer om noget; et forum, hvor man kan få kontakt til nye mennesker eller nye bekendtskaber, hvor man blot fangede deres navn til festen. Jeg har også selv brugt det meget siden efterskolen til at holde mine venskaber ved lige, trods de mange hundrede kilometer, der var imellem os. Det er ikke sikkert, at jeg kunne have holdt så godt ved min veninde, hvis ikke Facebook havde været så nemt lige at trække på. Derudover mødte jeg min mand til en gymnasiefest for 11 år siden, og tilfældigvis fik han mit navn fra min veninde. Dagen efter skrev han til mig på Facebook, og han har tit sagt, at han nok ikke havde haft modet til at sige "hej" i virkeligheden.

Så jeg er da ret taknemmelig for Facebook, og der er bestemt mange fordele ved sociale medier. Men på trods af fordelene, har jeg selv oplevet, hvordan det hurtigt kan tage overhånd, fordi jeg konstant fristes til at tro, at jeg lige skal tjekke et eller andet. I vores bestræbelse på ikke at gå glip af noget i vores netværk, går vi måske netop glip af det allervigtigste; vores liv lige her og nu. Vi lever mindre og mindre i nuet. Flere af os sidder med vores telefon i sociale sammenhænge, både blandt familie, venner og kollegaer. En konsekvens heraf er, at vi på en måde distancerer os fra de mennesker, som er til stede i det fysiske rum omkring os, til fordel for kontakterne på vores telefon. Jo mere vi kommer til at vælge vores virtuelle netværk til, desto nemmere får vi ved at bilde os selv ind, at den virtuelle virkelighed er vigtig for os. Oplevelsen af vigtighed hænger sammen med, at sociale medier giver os noget, som virkeligheden udenfor skærmen ikke kan leve op til. Derfor kan det for nogle af os føles, som om at vores telefon er en forlængelse af hånden, og så opfatter vi det ikke som et problem, men som en selvfølge, at den sluger vores tid. Men for mig er dét et problem. Nuet, som udspiller sig lige foran os, kommer aldrig igen, og det vil jeg tillade mig at påstå, at sociale medier ikke kan kompensere for – uafhængigt af hvor underholdende de end er, eller hvor meget anerkendelse de giver os.

URHJERNEN PÅ GLATIS

Vores bestræbelse på ikke at gå glip af noget kan tilskrives en helt naturlig del af menneskets natur. Dels fordi det er fordelagtigt for os at være opdateret om vores verden, så vi ikke bliver sat ud af konkurrencen med andre, men også fordi vi er sociale væsner, som i bund og grund interesserer os for hinanden. Sådan er vi, og sådan har vi altid været.

Men samfundet rundt omkring os har ændret sig siden vores forfædre levede. Selv hvis vi sammenligner vores samfund med det, som vores oldeforældre og tipoldeforældre levede i, så har rammerne og størrelsesomfanget ændret sig. I dag lever vi ikke i et lille trygt landsbysamfund, hvor den største sladder er, at bagerens søn løb hjemmefra i nat, eller at købmand Larsen har fjollet udenom med slagter Mikkelsens kone. I dag har vi ikke alene styr på Larsen og Mikkelsen, vi har også styr på, hvad der sker i Hollywoods stjernespækkede sladderliv, hvad der sker bag murerne på Christiansborg, hvad Lise fik til morgenmad i Grenå, hvad Paven mener om homoseksualitet, hvad EU's seneste dagsorden lød på, hvor mange trafikuheld, der var i nat, og hvor mange nye planter Karen ude fra Vestbyen har dekoreret sin Pinterest-profil med.

Den konkurrence, som vi hver især møder i dag, kan være decideret overvældende. I dag skal vi ikke kun konkurrere med de mennesker, som sidder lige foran os. Vi kan faktisk nemt komme til at konkurrere med resten af verden, fordi globaliseringen på samfundsplan og platforme såsom sociale medier sætter os i forbindelse med en langt større rækkevidde, end hvad vi som mennesker selv ville have evnet at nå ud til, hvis vi slukkede for vores skærm. Førhen havde vi måske travlt nok med at holde styr på sladderen i det lille landsbysamfund, så hvordan påvirker det os, at vi i dag kan måle og veje os selv op imod hele verden?

Hvis vi lige skal rette et kritisk blik mod min krig imod den stigende konkurrence, kan der omvendt argumenteres for, at vi mennesker altid har skullet kæmpe for at overleve, og dermed kan konkurrence ses som et grundvilkår for os mennesker. Rent evolutionært har vi altid konkurreret med vores artsfæller, men der er ingen tvivl om, at denne konkurrence var langt nemmere førhen, fordi vi kun skulle konkurrere med dem, vi rent faktisk kunne se. Dette kan spore os ind på, at det måske ikke er konkurrencen i sig selv, der er problematisk, men nærmere hvordan den tager form.

Forskellen på den konkurrence, som vi mødte for bare 50 år siden og den, som vi ser på i dag, består at vi dengang levede i små samfund, der var karakteriseret af en geografisk og størrelsesmæssig afgrænsning, hvorimod samfundet i dag, i langt mindre grad kan karakteriseres med ordet "afgrænsning". Dette hænger uløseligt sammen med den øgede digitalisering samt globalisering, og her ser jeg sociale medier som en afgørende brik i puslespillet. I dag kan det virke uhåndgribeligt at definere det størrelsesomfang, som indkapsler med hvem vi skal konkurrere imod. I dag kan det nemlig se ud, som om vi skal konkurrere med hele jordens befolkning, fordi vi konstant skal forbedre os, for ikke at tabe kapløbet med andre konkurrencemindede lande. Flere samfundskritiske teoretikere har gennem de seneste årtier pointeret, at vi ser en stigende grad af konkurrence på verdensplan, som tydeligvis også manifesterer sig hos det enkelte individ[6]. Den stigende grad af konkurrence påvirker nemlig menneskers psykiske velbefindende.

Et paradoks, der længe har taget form i Danmark, er at vi på trods af at være et af verdens lykkeligste lande, længe har kunnet se en stigning i antallet af mennesker, der enten får en depression, eller lider af angst eller stress. Trivselsundersøgelser fra 2017 og 2018 viser, at børn og unges trivselsproblemer er steget de seneste år, hvor 24 pct. af kvinder i alderen 16-24 år havde et dårligt mentalt helbred, mens det for drenge var 13 pct.[7] Ifølge eksperter kan flere faktorer være medårsag til, at man ser en større mistrivsel hos unge i dag, såsom oplevelsen af en øget grad af pres, kampen for at præstere og en bestræbelse efter at opnå perfektion[8]. Denne præstations- og perfektionskultur kan være medvirkende til, at vi ser en øget sårbarhed hos unge i dag.

Udover at jeg deler eksperternes synspunkter, kan dette i mine øjne også ses som en helt basal reaktion på, at vi mennesker har svært ved at håndtere denne konkurrence, fordi den stiller nogle krav til os, som vi helt basalt ikke kan indfri.

"VI KAN SIMPELTHEN IKKE HOLDE TIL BÅDE AT SKULLE PRÆSTERE PÅ UDDANNELSESBÆNKEN OG I VORES ARBEJDSLIV SAMTIDIG MED, AT VI SKAL HAVE VORES KERNEFAMILIE TIL AT FUNGERE I VORES NYBYGGEDE FUNKISVILLA MED TO GARAGER"

Med de skeptiske briller på er det selvfølgelig vigtigt at påpege, at vi som samfund i langt højere grad diagnosticerer og behandler i dag, end vi gjorde for 50 år siden. Derfor *finder* vi langt flere tilfælde af mennesker i psykisk mistrivsel eller med udfordringer, som vi giver forskellige diagnoser. Dette betyder ikke nødvendigvis, at der er sket en stigning i antallet af mennesker med udfordringer. Men det fortæller noget om, at vi har et øget fokus på det.

Alligevel kan jeg, med min psykologkasket godt plantet på mit hoved, ikke lade være med at forklare stigningen af diagnoser med, at vi har et alt for konkurrencepræget system. Denne forklaring underbygges af, at vi blandt andet ser en stigning af børn med ADHD, fordi samfundet fordrer, at alle vores forskellige og unikke børn skal kunne sidde stille på en stol seks timer om dagen i folkeskolen. Ligeledes ser vi en stigende kurve inden for angst, stress og depression, fordi mennesker forsøger at leve op til de krav, der indirekte stilles til os om konkurrence og præstation. Mange af os føler, at vi skal præstere til perfektion i skolen, fordi vores fremtidige liv afhænger af vores uddannelse – det *gør* det også på nogle punkter, fordi vi er vant til at blive bedømt på karakterark og uddannelsesbeviser frem for de evner, som ikke står skrevet i vores CV og som i mindre grad er målbare. En konsekvens af dette er, at mange børn, som har andre styrker end de boglige, kan være i alvorlig risiko for at få et selvbillede, der bliver defineret af de *mangler* og *fejl,* som de oplever at have i skolen.

Dette er øjensynligt en simplificeret forklaring på en kompleks problemstilling. Men jeg vil, på trods af, at jeg ikke kender den endegyldige sandhed, dog vove skindet og påstå, at vi mennesker ikke er skabt til at konkurrere på samtlige parametre i vores liv. Vi kan simpelthen ikke holde til både at skulle præstere på uddannelsesbænken og i arbejdslivet, samtidig med at vi skal have kernefamilien til at fungere i vores nybyggede funkisvilla med to garager.

Hverdagen bliver for mange børn, unge og voksne præget af travlhed, og derfor kommer vi somme tider til at gå på kompromis med vores egentlige biologiske behov for nærvær, kærlighed og egenomsorg – og dér får vi et problem, fordi dét er helt basalt de behov, som vores krop og psyke hungrer så kraftigt efter. Vi bliver dog hurtigt fristet til at tro, at vi har brug for de mere overfladiske mål, som konkurrencen lokker os til at kæmpe for; topkarakterer i skolen, en plads på det bedste fodboldhold, et ansigt uden bumser og tøj fra de rigtige designermærker. Senere stræber vi efter at bygge vores drømmehus med træ/alu vinduer og loft til kip, som fordrer den helt rigtige månedsløn, alt imens vi også skal have tid til vores børn *og* vores parforhold.

Der er bestemt intet i vejen med at have høje ambitioner, men jeg tror, at mange af os har høje ambitioner på samtlige områder i vores liv – godt fulgt på vej af sammenligningen med andres formåen på sociale medier. Og det er nok i grunden dén detalje ved den øgede konkurrence, som jeg ikke tror, at vi kan holde til. I længden, tror jeg ikke at vi kan holde til at sammenligne os med andres "lykkelige liv", som vi udsætter os selv for på sociale medier, og vi er nødt til at stoppe op for at iagttage, hvad det gør ved os, hvis vi sammenligner os i en sådan grad.

'HAR VI MISTET FOKUS PÅ, HVAD DER GIVER OS VÆRDI OG TILSIDESAT DETTE I JAGTEN PÅ NOGET, SOM I VIRKELIGHEDEN, DRÆNER OS FOR ENERGI?'

Resten af verden er langt mere tilgængelig for os end den var førhen, og det får os i langt højere grad til at se den og spejle os i den. Ja, vi kan faktisk ikke undslippe den, medmindre vi boykotter internettet, og dette er ikke just en mulighed for særlig mange, medmindre man lever i Alaskas vildmark eller kommer fra det allermørkeste Peru ligesom Paddington (den marmeladeglade bjørn fra tegnefilmen). Vi skal forholde os til verden, og vi har svært ved ikke at konkurrere med den, qua vores urhjerne, der godt ved, at sammenligningen er vigtigt for at sikre vores overlevelse. Men hvilket samfund kommer længst?

Er det dét, som skaber mennesker, der suser af sted og tryller den ene perfekte selviscenesættelse efter den anden frem på de sociale medier, eller er det det samfund, som opbygger hele mennesker, der er konkurrencedygtige inden for bæredygtige kvaliteter frem for overfladiske værdier? Finder vi værdi i at ruste mennesker til at holde på den lange bane, eller mennesker, der kan præstere lige her og nu, og hvis glød slukkes efter ganske kort tid, fordi de simpelthen ikke får den rette næring?

Måske kan vi få begge dele, men jeg finder det helt væsentligt at pointere, at der er for lidt fokus på at skabe mennesker i trivsel, både i uddannelsessystemet og på arbejdsmarkedet. Derimod ser vi mennesker, der løber op ad "udviklingsstigen", og stiger er faktisk svære at løbe på. Ergo bør vi helt lade være.

Som vi har været inde på gennem kapitlet, er der en masse fordele ved sociale medier, men der er også en række ulemper, som efter min mening, er nødvendige at forholde sig til. Med alle disse muligheder for at skabe relationer, bevare kontakten med vores netværk og vise vores liv frem, kræver det givetvis også, at vi formår at afgrænse os. Og her kommer mange af os til kort.

Har vi i virkeligheden rettet blikket mod de forkerte værdier, både i det større samfundsmæssige perspektiv, men også i de helt nære relationer? Har vi mistet fokus på, hvad der giver os værdi og tilsidesat dette i jagten på noget, som i virkeligheden, dræner os for energi?

FLOKDYR, IKKE SKÆRMTROLDE

For mange af os retter vi ofte fokus mod, hvad vi er gået glip af i "den store verden", hvis vi oplever en lille snert af stress, når vi ikke har kunnet være med i vores venners samtale på Messenger eller Snapchat gennem billeder. For mange handler det mere og mere om ikke at gå glip af noget i den virtuelle verden end i den "virkelige" verden udenfor skærmen, og det finder jeg værd at undre sig over.

Det er eksempelvis min opfattelse, at vi i mindre grad italesætter en irritation over, at "vi ikke lige fik leget de ti minutter ekstra med vores datter på halvandet år", "at vi ikke lige fik givet vores kæreste et ekstra kys, inden vi tog afsted i morges" eller at "vi glemte at hygge-snakke med vores gode ven i middagspausen". Alle sammen aktiviteter, som vi ellers *også* er i risiko for dagligt at "gå glip af".

Når jeg omtaler sociale medier, som en virtuel verden, ved jeg godt at denne virkelighed ikke er mindre "virkelig" end den, som vi er en del af, når vi ser op fra skærmen. På trods af, at vi har en tendens til at fremstille os selv med lidt flere superkrafter på sociale medier, så er menneskene virkelige og sociale medier er derfor en forlængelse af vores virkelighed. Men jeg mener, at sociale mediers virkelighed er en modsætning til den nære virkelighed, der udspiller sig i det fysiske rum, som vi hver dag befinder os i. Her er der tale om den nære virkelighed, hvor vores sanser dagligt er på spil og suger indhold til sig. Derfor er sociale medier, i mine øjne, en distanceret virkelighed – en ekstra dimension til vores virkelighed.

Det kan se ud, som om der efterhånden er flere, der føler sig forpligtiget eller måske ligefrem draget af at følge med i, hvad alle deres venner laver i samtlige af døgnets 24 timer. Dette skyldes, at vi er nysgerrige væsner, og at social sammenligning er et grundvilkår for os mennesker. Derudover er nogle af os blevet så afhængige, at vi ikke selv evner at træde ud af den store stygge afhængighedsfælde, og ligesom det forholder sig med alle andre tendenser i samfundet, kan vi ikke lade være med at gøre det, som alle de andre gør. Trangen kan komme, når vi mindst venter den, eksempelvis når vi sidder på toilettet, når vi er i skole eller på arbejde, når vi alligevel er ved at køre død i noget, der er langt mere krævende end at scrolle på vores telefon, når vi bare ikke orker at tage stilling til de vigtige ting i vores tilværelse, eller når vi *bare lige* trænger til at slå hjernen fra. *Ja*, tænker du måske; *det kan man nemlig – og GUD, hvor er det rart! Nogle gange har man bare brug for en pause.* Og ja, det *har* man.

Men spørgsmålet er, om sociale medier opfylder kriterierne for at blive betragtet som en reel pause? Slapper vores hjerne decideret af, når den skal kapere 117 informationer om alt lige fra brownieopskrifter til flygtningedebatter?

Svaret er simpelt, og hvis du er interesseret i, hvordan digitaliseringen påvirker vores hjerne, vil jeg anbefale dig at læse Imran Rashids bog: *Sluk* (2017), hvor han, med sin lægefaglige baggrund, argumenterer for, at vores gøren på telefoner, Ipads og computere langt fra kan sidestilles med en pause[9]. Vi har blot bildt os selv ind, at vi slapper af, fordi vores hjerne bliver filtret ind i programmernes psykologiske magtspil, som har tændt for vores "autopilot", der herved har overtaget vores beslutningskapital; *vi bliver altså revet med.* Og mange af os er godt klar over det. Så lad os i stedet rette vores opmærksomhed mod, *hvorfor* vi fortsat lader vores telefon og heriblandt sociale medier fylde så stor en del af vores liv, når vi jo godt ved, at det måske ville være bedre for os at lade være.

En af grundene kan måske findes i de fordele, som sociale medier bidrager med til vores liv. Det har eksempelvis aldrig været nemmere at holde kontakten og følge med i vores netværks liv. For slet ikke at glemme *graden* af kontakten, som bliver krydret med et utal af detaljer, som man heller aldrig har kunnet følge med i før. Informationen om vores venner og bekendtes liv bliver jo serveret på et sølvfad! Hvis ikke Antons søns antal af opkastninger gennem natten var blevet beskrevet i et Facebook-opslag, (samt Antons manglende søvn, som resulterede i hans knap så gode præstation til teammødet dagen efter), så ville vi da *aldrig* have hørt om det! Ligesom det faktum, at Antons chef også kan følge med i disse detaljer, som Anton højst sandsynligt ikke ville have delt på arbejdspladsen (hvis man vel at mærke er venner med sin chef online). Vi kan altså få næsten *alt* at vide via de sociale medier. Hvis vores venner skal giftes, kan vi opsnappe denne information så let som ingenting. Hvis de skal have et barn, vil dette ofte også fremgå, og hvis de (gud forbyde det) går fra hinanden igen, finder vi formentlig også ud af det derinde. Men lad os gå mere i dybden med den enorme mængde af information, som vi deler på sociale medier i kapitel tre. Vi skal lidt længere ind til kernen, for at forstå hvorfor vi mennesker er blevet bange for at gå glip af noget på sociale medier.

Man kan argumentere for, at mængden af personlige informationer, der deles på sociale medier, har nået et højdepunkt gennem de seneste år. Dette afspejler givetvis, at vi bruger meget tid derpå, og at det er blevet naturligt for os at dele vores liv online. Men kan det have nogle ulemper, som vi ikke havde tænkt over? Har du overvejet, hvilket signal du sender midt i familiehyggen, når du sidder og scroller hen over Facebooks startside, de fem nyeste snaps fra vennerne, eller din yndlingsinfluencer på Instagram? Har du overvejet, hvad det fortæller dem du er sammen med, om din holdning til deres selskab? Det kan godt være, at du ikke er bevidst om, at du keder dig, eller at du har noget imod deres selskab. Men dét at tage sin telefon frem i sociale sammenhænge er lidt det samme som at sige: *Jeg har det fint med at være et andet sted lige nu. Går jeg da glip af noget? #Ierbareikkeinteressantenok.* Personligt er det dét indtryk, jeg får, når mine familiemedlemmer sidder i sofaen og kigger ind i en miniskærm i stedet for at være til stede i det fysiske rum. Hvornår blev den virkelige verden så uinteressant?

Stop en halv. Dette er måske at drage forhastede konklusioner på folks vegne. Synes vi virkelig, at livet udenfor skærmen er uinteressant, eller har vi bare ikke tænkt over, at det kan virke sådan, når vi fravælger den? Skyldes det i stedet, at vi er blevet så vant til at snuppe vores telefon, i frygten for at komme til at kede os? Jeg tvivler nu på, at mange mennesker er i risiko for at opleve kedsomhed i dag, fordi størstedelen af os aldrig har et minuts stilhed i vores liv. Vi går direkte fra det ene til det andet, og sociale medier bliver ofte taget i brug, hvis en stille stund skulle opstå.

Men det er jo ikke udelukkende sociale medier, der er skyld i at vi mennesker kommer til at fordrive tiden med alt muligt tilfældigt. Vi er nysgerrige, videbegærlige væsner, og er det ikke sociale medier, der lige fanger vores opmærksomhed midt i noget vigtigt, så er det noget andet. Sociale medier er dog kommet til at fylde rigtig meget i mange menneskers hverdag, men det er omvendt også forståeligt, at de har fået så stor en plads i vores liv, fordi de kan være en underholdende beskæftigelse. Sociale medier kan også være et pusterum for de forhindringer, som fylder i vores liv udenfor skærmen, og det kan være rart at forholde sig til noget, som ikke kræver besynderlig meget hjerneaktivitet. Dog er de samtidig en væsentlig kilde til at aflede vores opmærksomhed fra ting, som kunne være mere vigtige – så vi skal huske at se op indimellem.

Måske går vi glip af små detaljer som øjenkontakt med en fremmed. Muligvis er det bare et smil, som – hvem ved – kan føre til en følelse af at høre til og dele et øjeblik med et andet menneske. At det er en fremmed, kan ved første øjekast få øjenkontakten eller smilet til at virke som ligegyldigt, fordi vi ikke ved, om vi får dem at se igen. Men jeg har det personligt lige modsat. Når jeg står i køen i SuperBrugsen, bliver jeg netop glad, når jeg deler et smil med hende den lille pige, fordi hun er en fremmed. Hun havde ikke behøvet at smile eller snakke til mig, men netop fordi jeg ikke forventer det, gør det mig endnu mere glad.

Og hvad kunne vi så forestille os, at jeg gik glip af på Instagram, mens jeg havde en virkelig interaktion med den lille pige i køen? Det kunne jo være at en af influencerne havde lagt nye billeder op af deres nyindrettede soveværelse, den begivenhedsrige fredag aften med cocktails på stamcafeen eller at mine veninder havde postet resultatet af deres veldekorerede børneværelse i de lækreste cremede farver. Hvilke informationer fortjener vores tid, og hvilke minder skal vi med omhu vælge at samle på?

'FÅR VI OPFYLDT VORES BEHOV FOR SOCIALT SAMVÆR OG ANERKENDELSE PÅ SOCIALE MEDIER, ELLER ER DET LIGESOM MED FASTFOOD - ET BEHOV DER BLIVER STILLET I FORTÆRINGSØJEBLIKKET, MEN SOM IKKE ER SÆRLIGT NÆRENDE PÅ LÆNGERE SIGT?'

Når børn kommer til verden, er de både tillidsfulde og nysgerrige små skabninger, der har lyst til at interagere med alt og alle. Lysten giver dem mod og motivation til at turde at sige "hej" til de andre børn på legepladsen. Det er først, når de bliver ældre og har oplevet, at det ikke er alle, der hilser, at de begynder at stoppe med deres tillidsfulde og ligefremme gåpåmod. Den lille pige i SuperBrugsen er et glimrende eksempel på, at vi mennesker har en instinktiv lyst til at interagere med hinanden og at vi, i starten af livet, slet ikke kan lade være.

Lysten forsvinder givetvis, men spørgsmålet er om behovet forsvinder. Har vi som voksne glemt, hvor befriende det var at være det lille barn på legepladsen eller i køen i supermarkedet? Ville det gavne os at finde den del af os frem igen?

Jeg tror nogle gange, at vi kan komme til at gå for meget i vores egen lille verden og glemme, at vi dagligt er en del af et fællesskab i den verden, vi lever i. Fordi vi i en travl hverdag helt kan glemme at vise interesse for de mennesker, der er lige omkring os. Det kan være, vi ikke finder det relevant nok, fordi vi trods alt ikke ved, om vi nogensinde ser dem igen. Måske er det også, fordi vi er bange for at de ikke gengælder vores "hej" eller smil. Eller også har vi bare for travlt med at se ned i en skærm og scrolle gennem vores feed, eller andre gøremål, som ikke skyldes sociale medier. Min pointe er, at inden vi rækker ud efter den desperate fællesskabsfølelse på de sociale medier, kunne vi jo starte med naboen, kasseekspedienten i Netto eller den altid smilende sælger fra fiskebilen, som minder mig om, at vi skal vise, at vi faktisk går op i, hvordan vi alle sammen går og har det. For et fællesskab har vi brug for.

Hvis der er noget, som har bragt den menneskelige art længere frem i udviklingen end vores artsfæller i zoologisk have, er det vores evne til at samarbejde og bruge hinanden til at stå stærkere. Dette har ydermere gjort os yderst konkurrencedygtige, men jeg tvivler på, at vi ville være kommet så langt, hvis det ikke også havde gavnet os på en anden hensigtsmæssig måde. Vi har ikke kun brug for hinanden til at konkurrere mod andre konkurrencemindede lande – vi har i højere grad behov for hinanden, fordi vi er sociale flokdyr, der dybest set har det bedst i et fællesskab bestående af minimum en tosomhed.

Når vores evolutionære rødder har dette behov kodet i vores gener, sørger de sociale medier for at minde os om, at vi stadig har det, og lokker os måske til at tro, at vi kan få stillet dette behov via dem. Aldrig har det været nemmere at få et fællesskab på nettet, fordi det ikke kræver lige så meget af os at skrive på en skærm, som det gør

45

at stå ansigt til ansigt med en person i virkeligheden. Men jeg kan ikke lade være med at betvivle, om følelsen af fællesskab på sociale medier, rent faktisk opfylder vores behov, eller om vi ville føle et større tilhørsforhold, hvis vi så mere op fra skærmen. Får vi opfyldt vores behov for socialt samvær og anerkendelse på sociale medier, eller er det ligesom med fastfood – et behov der bliver stillet i fortæringsøjeblikket, men som ikke er særligt nærende på længere sigt? Dette må afhænge af *hvor*, vi finder en autentisk følelse af at høre til. Selvom det er helt naturligt, at vi gerne vil være sociale, bør vi vurdere, hvilken form for socialt samvær vi har brug for. Vi kan spørge os selv, om vi har behov for at have 600 venner på Facebook, følge med i deres liv og poste om vores eget liv online? Eller har vi mere behov for at være venner med vores nære venner udenfor skærmen, nærværende med vores familiemedlemmer og faktisk have mere *tid* til dette ved at begynde at vælge virkeligheden udenfor skærmen til og fravælge det online liv i højere grad? Er det fordelagtigt for os at konkurrere med hele vores virtuelle netværk, og hvordan påvirker denne grad af konkurrence os?

Dermed ikke sagt, at man skal gå i hi (som jeg ellers til tider finder fristende). Det er godt at vide, hvad der rører sig i verden, for som jeg tit bliver mindet om af min mand, så kunne der starte en tredje verdenskrig, uden jeg vidste det – og hvilken livstruende situation ville det ikke kunne sætte mig i?! Det ville med garanti undergrave både min konkurrenceevne og mine overlevelsesmuligheder. Min pointe er, at vi skal vælge, hvilket liv vi gerne vil leve og dermed selektere i, hvilke detaljer vi ønsker at gå glip af, og hvilke vi ikke vil være foruden.

- Start med at overveje, om det ville bidrage med noget positivt til din tilværelse, hvis du begyndte at se lidt mere op fra skærmen. En del af at ændre sine vaner, kræver at man lægger mærke til det, når man logger på sociale medier. Spørg dig selv, om det var et aktivt valg, at dine fingre trykkede på appikonet, eller om de gjorde det uden at spørge dig om lov?

- Overvej om du vil prioritere at logge på sociale medier lige nu, eller om du hellere vil "logge på" livet udenfor skærmen. Herved mener jeg, at vi skal give det vores fulde opmærksomhed, ligesom vi giver sociale medier, når vi er der. Er du nærværende sammen med dine familiemedlemmer, når I hygger fredag aften, eller er du både til stede med dem *og* online?

- Overvej om du formår at være fuldt ud tilstedeværende i livet udenfor skærmen, samtidig med at du er online. Tænk over hvilke signaler du sender til dine medmennesker, når du vælger at se ned i skærmen frem for at snakke med dem. Overvej hvad du selv kommer til at tænke og føle, når din veninde instinktivt snupper hendes telefon, mens du er ved at fortælle hende noget meget vigtigt. Føler du dig mon en lille smule fravalgt til fordel for nogle andre, eller tænker du, at sådan gør man da bare? For din veninde og mange andre er det helt sikkert en vane, som hun ikke har taget stilling til. Men det betyder ikke, at det er en dårlig idé at begynde at forholde sig til den. Hver især kunne I overveje, om det er vigtigt at tjekke sociale medier, når I er sammen, eller om det kan vente? Det gælder også, når du er alene.

- Overvej hvad du kunne give dig til i stedet for at være på sociale medier; hvad *du* kunne have brug for lige nu. Hvad skulle der til for, at du lægger din telefon og bare "er til" i et kort øjeblik? For mange vil det kræve, at man virkelig udøver kontrol over sine fingre, fordi det *er* fristende at lade dem gøre det, de plejer. Men hvordan ville din dag se ud, hvis du begyndte at kæmpe imod dine målrettede fingre?

KAPITEL 2

I BESTRÆBELSEN PÅ AT FÅ DET HELE MED ONLINE, RISIKERER VI AT MANGLE DEN RO OG BALANCE, SOM VI PSYKOLOGISK SET HAR BRUG FOR

(Toiletpause et) mon pigerne har lagt nogle sjove billeder op efter weekenden?

(Et kvarter senere; overspringshandling ét) shit, han var også lækker i fredags! Tjekker lige hans status. Øv han er optaget...

(Tre minutter senere; overspringshandling to) scroller lidt på Instagram... #kedeligforelæsning, delt med en selfie.

(Seks minutter senere; overspringshandling fire) tjekker lige min modelveninde på Instagram; wow det er et flot børneværelse! Hun må være lykkelig...

(Fire minutter senere; overspringshandling fem) scroller ned over Facebookes startside; Trine juicer sin dag i gang #kanikkeblivemeregrøn... Uh! Valdemarsro, nøj, hvor lækkert! Mon jeg kan nå at bage den chokoladebrownie i aften?

(Et kvarter senere; toiletpause to) billige rejser! London... Amsterdam? New York! Jeg har ingen penge. Hvorfor kigger jeg altid, selvom jeg ingen penge har?

(Otte minutter senere; overspringshandling seks) åh jeg vil gerne til New York! Men jeg har stadig ingen penge – drop det!

(Ti minutter senere; overspringshandling en million) på Facebook igen, endnu flere festbilleder; åh gud, det tandpastasmil orker jeg ikke at se på længere! Endnu flere "før og efter "-billeder. Var det for din eller min skyld, at du tabte dig? Og nu vi er ved det – taber man sig egentlig, hvis det ikke bliver postet på Facebook?

I takt med den teknologiske udvikling er det blevet svært at lægge vores telefon fra os, fordi den muliggør så mange måder, hvorpå vi kan holde os i kontakt med hele verden og samtidig optimere vores tid. Førhen skulle vi tjekke e-mails på computeren, når vi kom hjem fra gåturen – i dag tjekker vi den oftest i selvsamme sekund, som vi hører notifikationslyden og dermed oplever behovet for at tjekke. Det er blevet svært at se op fra vores telefoner, fordi vi hermed skal affinde os med tanken om, at vi "logger af" samtlige netværk: kontakten til vennerne ryger, familietråden på Messenger, muligheden for at følge med på arbejdet, nyhedsmailene fra diverse medlemsklubber med tilbud på alt fra rejser til morgenkåber, netbanken, nyhedsnotifikationerne fra hele verden, E-boks, Instagram, Twitter, Snapchat og Facebook, bare for at nævne få af dem. Det er jo så nemt lige at tjekke op på det, man har brug for – *og så slipper man jo for det senere.*

Måske gør det vores liv nemmere i selv samme øjeblik, men spørgsmålet er, om det også ser sådan ud på længere sigt. For gør det reelt set vores liv bedre, eller ender vi med at leve i et tempo, som på sigt mindsker vores livskvalitet?

Øjensynligt gør det vores liv lettere, fordi det kræver så minimal en anstrengelse af os at undersøge diverse problematikker, vi kan risikere at møde på vores vej. Hver gang jeg får lyst til at købe en gammel Nokia 3310 og gå "ned i gear", daler min begejstring med det samme tankerne falder på apps såsom; Messenger, Rejseplanen, Google Maps, Netbank, E-boks, MobilePay eller nyhedsapps. Udover at mange af os er blevet afhængige af visse apps, er det også blevet os "pålagt" en vis forventning om, at vi *har* disse digitaliserede hjælpemidler. Servicemedarbejderne i de fleste brancher forventer, at vi har dem, og kan derfor nemt henvise os til deres app på trods af, at man har stået i kø for at få lige netop deres menneskelige ekspertise.

Problemet med denne henvisning til teknologien kan være, hvis vi er underlagt et tidspres, som gør at små udfordringer med internetforbindelse kan være skyld i, at vi ikke kommer med den bus, det tog eller fly, som vi havde regnet med. Jeg har selv oplevet at være presset i en lufthavn og stå i en lang kø, som resulterede i en henvisning til flyselskabets app, da det ville koste mig 400 kr. ekstra, at medarbejderen skulle booke min billet. Dette er et eksempel på, at vores samfund i høj grad kræver af os, at vi har en telefon ved hånden, så vi kan tilgå forskellige apps. Men for mig (og mange ældre mennesker garanteret), var min intuitive tanke at: *Jeg stod der, fordi jeg havde brug for dem! Hvordan kunne de forvente, at jeg kunne huske min adgangskode til deres app?!* Det er jo efterhånden ikke bare én adgangskode, som vi skal huske, men utallige. Når jeg er i H&M er jeg derfor tæt på at overveje at komme igen en anden dag, hvis jeg ikke er logget ind på min medlemsapp, fordi jeg kan da ved gud ikke huske min adgangskode!

Som du nok kan fornemme, oplever jeg en nærende skepsis over for, at den menneskelige ekspertise udkonkurreres til fordel for teknologien, hvilket sker relativt hyppigt i dagens samfund. Hvis vi går tilbage til min simple drøm om at købe en gammel Nokia 3310, ville det have kostet mig 400 kr. ekstra i lufthavnen, hvis jeg havde manglet min smartphone. Hvorfor skal det være dyrere og mere besværligt at undvære en smartphone, og hvorfor skal vi sætte hele vores lid til apps, når vi tænker organisationsforandring og lette løsninger? Kunne man forestille sig, at der i samfundet er så mange lag, der søger at effektivisere alting, at vi ikke lægger mærke til, at vores egne telefonvaner faktisk tager form efter selvsamme princip? Her mener jeg, at dét der engang var nemt lige at tjekke på vores telefon, er blevet til en automatiseret handling, som – i første omgang havde til hensigt at effektivisere – men som i stedet kommer til at sluge rigtig meget tid i løbet af dagens aktiviteter. Tid, som ellers kunne have været en pause for vores hjerne, hvor vi kunne have ladet hjernen restituere i stedet for at bombardere den med input.

> "EFTERSOM VI HELE TIDEN HAR ALLE MULIGHEDER FOR AT EFTERLEVE PLUDSELIGE BEHOV, SKABER VI OGSÅ FLERE BEHOV OG FORFØLGER DEM UDEN AT TØVE, HVILKET ER EN TEMMELIG ALVORLIG STRESSFAKTOR"

Jeg kan heller ikke lade være med at tænke over, om vores hjerne på et tidspunkt finder ud af, hvor "nemt" vores liv er blevet med telefoner og dermed opdager, at vi i mindre og mindre grad har brug for den. Hvis vi vil undersøge noget og granske vores hjerne for informationer, som vi muligvis har lagret engang, kommer vi hurtigt til at google det i stedet, da det er meget lettere. Vores hjerne er til for at blive brugt, og de funktioner, som vi ikke bruger, bliver af samme grund ikke videreudviklet eller holdt ved lige.

Jeg tænker heller ikke, at vores hukommelse er i fare for at blive overbelastet på det mere visuelle plan – den bliver snart udkonkurreret af de utallige måder, hvorpå vi kan fange vores bedste øjeblikke gennem vores kamera, så vi ikke behøver at huske dem. Det var fint nok, dengang vi tog billeder med vores spejlreflekskamera på ferier, men i dag tager vi billeder af alt – med alt; både vores telefon, tablet og eventuelle kamera – ikke bare når vi er på ferie, men konstant. Vores langtidshukommelse falder død om en dag, som var den en mand på slæb i Ikea!

Som mange af de andre pointer i denne bog, er dette sat lidt på spidsen. Men vores hjerne har godt af at blive brugt, så vi bør tænke over, om vi dagligt stiller krav til den, eller om vi lader vores telefon udfylde nogle af dens funktioner. Og måske endda uden at vi bevidst tager stilling til det. Det vender vi tilbage til i kapitel tre, hvor jeg vil gå mere i dybden med den øgede mængde af billeder, som vi kan komme til at huske vores liv igennem.

Det kan se ud, som om vi har indrettet os på en sådan måde, at vi bestræber os på, at det skal være så nemt som muligt. Igen er dette mere ubevidst end bevidst, vil jeg vove at påstå. Men én ting er, at det er nemt, en anden ting er, hvordan det påvirker os som mennesker. Hvad er de lette løsninger en erstatning for, og på hvilken bekostning sker effektiviseringen?

En betragtning er, at effektiviseringen har medført, at vi konstant befinder os i et højt tempo, hvor forskellige apps gør vores hverdag lettere. Med letheden følger dog en konsekvens, og det er, at vi også lever i en hverdag, hvor vi i højere grad bliver stillet overfor et utal af informationer, som vi skal forholde os til. Sammen med den konkurrence, som jeg nævnte i kapitel et, er det ikke utænkeligt, at vi også mærker en øget grad af stress.

TILKOBLET VS. FRAKOBLET

Måske opfatter vi i højere grad vores liv som værende lettere på grund af de muligheder, som vores telefon giver os. Blandt andet fordi, at det ved første øjekast ikke kan opfattes på anden vis. Hvis vi bladrer tilbage til eksemplet i kursiv i starten af dette kapitel, er det da smart, at den unge studerende kan sidde fra hendes stol i undervisningslokalet og holde sig opdateret på hele verden gennem sociale medier. Mens hun i virkeligheden skulle holde fokus på undervisningen, kan hun i stedet rette sin opmærksomhed mod alle de fristelser, som hendes Instagram profil åbner op for hende, ligesom at hun kan pleje sit sociale image på Facebook og holde sig opdateret på alle de sociale begivenheder, som bare ligger og venter derude! På trods af, at hun er fysisk til stede på Universitetet, er dette ikke tilnærmelsesvis en begrænsning for hendes muligheder for at være andre steder – tværtimod.

Så det kan altså nemt se ud til at gøre livet lettere. Men ved nærmere eftertanke kan jeg, med min psykologfaglige rygdækning, simpelthen ikke se, at det er godt for os at have gang i så mange ting på én gang, flere gange i løbet af et døgn. Vi kan godt blive enige om, at det er en form for optimering, at vi har så nemt ved at ordne 117 ting, som vi ellers skulle være lænket til computeren for at kunne nå til bunds i. Vi kan nå så meget i dag! Men omvendt kan man også se det sådan, at eftersom vi hele tiden har alle muligheder for at efterleve pludselige behov, skaber vi også flere behov og forfølger dem uden at tøve, hvilket er en temmelig alvorlig stressfaktor.

Det er jo ikke, fordi vi tjekker nyhederne lige så få gange, som vi gjorde førhen, da vi sad ved computeren. Nu tjekker vi dem hele tiden, fordi vi kan. Vi kan ikke styre det, og det er dét, der er essensen. Den teknologiske udvikling er ikke problematisk i sin grundform, det er måden, vi bruger teknologi på, der nødvendigvis ikke er godt for os. Efter min mening er det problematisk, at vi stort set alle steder har mulighed for at tage vores telefon op af lommen og fordrive vores tid med noget, der egentlig ikke bliver et pusterum. Problemet består i, at vi alle går rundt med en computer i lommen, der konstant er tændt.

Det helt geniale ved den stationære computer var, at du satte dig hen til den, når du havde tid til det – det var et bevidst valg. En prioritering. Du befandt dig aldrig på flere forskellige netværk på samme tid, du var til stede i nuet, eller i dine dagdrømme, som også er vigtige for vores mentale helbred. Du kunne aldrig drømme om at have en samtale med dit barn eller din veninde og så lige hive den stationære computer op af en (enorm) taske, fordi du havde en fornemmelse af, at der måske var kommet en mail. Det kunne da vente! Og hvor må det have givet en beroligende frihed til blot at give sig god tid, dér hvor man var; en ting ad gangen.

Men i dag har vi fået det ind på rygraden, at ting såsom mails og andres liv på sociale medier ikke kan vente. Det er livsvigtigt, at vi følger med i dem, så vi ikke går glip af noget. Derfor trækker vi vores telefon frem på busturen, i køen i Fakta, på stationen, i pausen på arbejdet eller for den sags skyld på toilettet, selvom det måske kun drejer sig om små fem minutter. Udover at mange vil udvikle en afhængighed af dette handlemønster, vil der højst sandsynligt også forekomme en konsekvens af dette, i form af en følelse af aldrig at have et øjebliks ro. Vi står sjældent bare i kø eller kører med bussen, mens vi kigger ud ad vinduet og dagdrømmer. Vi sidder i mindre grad på toilettet i vores egne tanker og får en pause fra undervisningen, arbejdet, vennernes sladder fra weekenden eller i al sin enkelthed: en pause fra vores liv. Vi får næsten aldrig en pause fra alt det, der farer forbi os.

"ERGO KOMMER VI IKKE TÆTTERE PÅ AT FÅ EN PAUSE, NÅR VI HAR SAT FLUEBEN VED VORES HASTESAGER PÅ SOCIALE MEDIER - VI ER BLOT ENDNU ET SKRIDT TÆTTERE PÅ NÆSTE TUR I HAMSTERHJULET, DER BYDER PÅ ENDNU FLERE NOTIFIKATIONER, SOM VI IKKE HAR SET"

Det kan godt være, at vi i første omgang havde nogle intentioner om at optimere vores tid – lige tjekke indbakken den ene gang, eller for den sags skyld Facebook. Men det, der engang var en engangsforestilling, er blevet til en stjernespækket Hollywood serie med 23 sæsoner – det har taget overhånd. Vi tjekker jo ikke blot de sociale medier den ene gang, vi ville have gjort det på den stationære computer. Som det indledende eksempel i kursiv glimrende skitserer, kan mange nok nikke genkendende til, at vi kommer til at tjekke dem flere gange i timen. Hvilket i grunden er forståeligt.

Fordi vi *kan,* kører vi i et gear, der gør det muligt, både at være online i livet udenfor skærmen, samtidig med at vi kan være forbundet til et hav af venner på de sociale medier. Det kan give os en følelse af at være omgivet af mennesker og en fællesskabsfølelse, som giver vores liv mening. Men bliver bagsiden af medaljen ikke, at vi stort set aldrig får koblet ordentligt af?

I stedet for at få to yderpunkter, hvoraf den ene er frakobling og den anden er tilkobling, kører vi i et spektrum herimellem, hvor vi faktisk blot er nogenlunde opmærksomme på de informationer, vi møder fra omverdenen. Vi er kun middelmådige opmærksomme på de forskellige platforme, når vi scroller ned over siden, læser vores kommentarer eller vennernes tråd, ligesom det heller ikke er os alle, der er fuldt ud nærværende i det virkelige liv. Dette kan være en konsekvens af, at vi har forsøgt at optimere vores tid i en sådan grad, at vi sjældent føler, at vi kan følge med i det øjeblik, som udspiller sig for vores øjne.

Mange af os har måske også opdaget, at selvom vi forsøger, at "komme til bunds" i de beskeder, som vi skal svare på eller andre gøremål, som vi skal have overstået, så kommer der bare endnu flere, som vi skal forholde os til bagefter. Ergo kommer vi ikke tættere på at få en pause, når vi har sat flueben ved vores hastesager på sociale medier – vi er blot endnu et skridt tættere på næste tur i hamsterhjulet, der byder på endnu flere notifikationer, som vi ikke har set. Og dette mønster kan, i mine øjne, efterhånden også overføres til andre områder i vores liv, fordi vi er blevet så vant til at gå fra den ene aktivitet til den anden.

MIDDELMÅDIGT TIL STEDE

Vi bør overveje, hvad den konstante ubalance mellem tilkobling og frakobling til livet online, gør ved os som mennesker. Kort sagt kan man overveje, om den måde hvorpå vi opfanger informationer på nettet er en tilegnelse, som vi tager med os, når vi er offline fra de sociale medier (men nå nej, det er vi jo aldrig). Der er eksempelvis en sandsynlighed for, at vores koncentrationsevne bliver svækket, om ikke andet så en anelse "rusten", og at vi bliver utrænede i at være helt opmærksomme lige dér, hvor vi er. Min ven forklarede mig forleden, at han var begyndt at skimme alle de beskeder, han modtog på Messenger. Han var også begyndt at sætte tempoet op, når han besvarede folks beskeder, fordi det var langt mere effektivt. Tilfældigvis havde han lige sendt mig en besked dagen før, hvor jeg måtte konstatere, at han slet ikke havde effektiviseret vores dialog, fordi hans besked var så usammenhængende, at det tværtimod tog længere tid for mig at tyde den, end hvis han havde brugt lidt flere sekunder på at skrive de ord, som nok skulle have stået i den.

En anden konsekvens ved de mange input, vi dagligt modtager på sociale medier, og vores forsøg på at håndtere det, kan være, at mange af os vil udvikle en tendens til at blive utålmodige og kritiske over for input fra omverdenen. Vi er blevet så vant til at kunne selektere i det indhold, som vi søger på sociale medier (og Google for den sags skyld), at vi ganske enkelt vil få sværere ved at blive tilfredsstillet. Mange af os leder ubevidst efter et eller andet "spændende" eller "bemærkelsesværdigt", når vi tjekker sociale medier, og i takt med dette får vi muligvis også sværere ved at få stillet vores nysgerrighed og blive underholdt.

Et ganske simpelt eksempel, som jeg ofte oplevede i undervisningen på psykologistudiet, var at eftersom mange er afhængige af at tjekke sociale medier op til flere gange i timen, skal en underviser være særdeles spændende, hvis dette antal af overspringshandlinger skal formindskes eller forhindres i at stige gevaldigt. Tit oplevede jeg, at en underviser fik under fem minutter til at gøre sin entré, og hvis denne inkluderede, at undervisningen i høj grad bar præg af oplæsning fra vedkommendes PowerPoint, så var de fleste af de studerendes skærme på forelæsningsrækkerne allerede begyndt at blive overtaget af den blå Facebook-farve. Underviseren fik altså ikke mange minutter til at fange vores opmærksomhed, før vi vurderede, at vi ikke ville spilde vores kostbare tid på vedkommende.

Man kunne jo overveje, om dette hænger sammen med, at vi har vænnet os til *konstant* at blive stimuleret fra vores besøg på sociale medier og nettet helt generelt. Alt er ikke længere end ét par klik væk, og vores autopilot er efterhånden ved at have luret dette! Hvorfor bruge mere tid end højst nødvendigt? Desuden er det, da langt mere fristende at tjekke udsalget på Boozlet.com eller søge på den lampe, der skal hænge over ens seng derhjemme i boligprojektet. Det er forståeligt med den stigende grad af teknologiske underholdningsformer, at vi ikke behøver at beskæftige os med ting, som vi ikke får noget ud af. Derfor fravælger vi det til fordel for noget, som i højere grad frister vores opmærksomhed. Men det er nok usandsynligt, at vi i faglige sammenhænge helt selv er klar over, hvad der er gavnligt for os.

"SOCIALE MEDIER HOLDER DERFOR EN IGANGVÆRENDE ILLUSION KØRENDE OM, AT VI ER NØDT TIL AT MULTITASKE FOR AT HOLDE OS OPDATEREDE PÅ ALT OG ALLE, OG DEN ILLUSION FJERNER ET VÆSENTLIGT FOKUS FRA, AT VORES PSYKISKE VELBEFINDENDE FAKTISK HAR ET BEHOV FOR STABILITET OG RO"

Før i tiden havde vi ikke valget om at blive afledt af sociale medier, eftersom undervisningen blev noteret med papir og blyant. Dér dagdrømte vi indimellem, men jeg kan forestille mig, at vi fangede mere end vi gør i dag. For vores dagdrømme var næppe på niveau med den forstyrrelse, som hele internettet er i dag. Vores dagdrømmerier er en væsentlig detalje ved vores liv, som kan give vores hjerne en kreativ pause, hvor vores underbevidsthed kan få frit spil og vi netop ikke anstrenger os for at være kreative. De bedste ideer kommer ofte, når man *ikke* gør sig umage.

Desuden er det en væsentlig refleksion, at vores forelæser rent faktisk kunne have noget vigtigt på hjertet, som ville gavne os som mennesker og ikke bare få os videre til den næste eksamen på papiret. Hvilke detaljer går vi glip af i virkeligheden, mens vi har så travlt med at opholde os online i en anden verden? Og hvad der faktisk er endnu mere essentielt – den utålmodighed, vi opbygger, som driver os til at trykke på de velkendte ikoner – handler den i virkeligheden om, at vi ikke længere kan klare særlig avancerede input, før vi trækker os tilbage til de sociale medier, hvor alt er letlæseligt og nemt at tage ind, som giver os en følelse af tilfredsstillelse?

Vi er så vant til at kunne selektere iblandt et utal af informationer på nettet, at der altid er en chance for, at vi finder noget, der er mere værd at bruge vores tid på. Sociale medier er indrettet sådan, at vi hele tiden kan få ny information, der er mere interessant. Vi kan hele tiden flytte os, bevæge os frem, vælge til og fra, hvilket har lært os at blive utålmodige, kræsne og ukoncentrerede. Men det værste er, at vi har skubbet vores behov for ro helt ind i hjørneskabet, hvor kun støvet holder fest.

Tilbage på psykologistudiet fortalte en underviser os engang, at de til et møde havde drøftet de studerendes computerbrug til forelæsningerne, hvor nogle af underviserne fandt dette uhøfligt. Men hun var uenig; det var helt naturligt, at vi unge havde travlt med så mange ting på en gang, fortalte hun os: *Hvis vi siger, at I ikke må, kan I ikke koncentrere jer.*

Denne udtalelse finder jeg absurd.

Det er helt rigtigt, at folk har vænnet sig til de utallige muligheder på internettet, og det er også rigtigt, at de gør, hvad de kan for at lytte og fange alt fra Facebook, Instagram, Twitter, e-mails, og så – når de er færdige med alt det – lidt fra undervisningslokalet. Men at antyde, at de ikke kan koncentrere sig, hvis *ikke* de må have gang i 117 ting, er meget forkert.

Man ved, at multitasking er enormt krævende for vores hjerne, og det er faktisk så krævende for os, at den ikke kan klare udfordringen. Den er ikke skabt til at gøre flere ting på én gang, og det eneste, vi får ud af det, er, at vi vænner os til at blive distraheret og afledt. Konklusionen er stensikker; vi kan ikke koncentrere os, når vi har gang i for meget.

De fleste vil måske mene, at de sagtens kan, men jeg vil vove den påstand, at de ikke har et ordentligt sammenligningsgrundlag, fordi de så sjældent tager en dag uden input fra hele kloden! Det kan se ud til, at vi efterhånden har glemt, hvordan det er *ikke* hele tiden at være i gang med noget. Dette er den essentielle problematik, der gør, at mange af os har rigtig svært ved at slappe helt af og blot være nærværende i den situation, som vi befinder os i.

For mig er den vigtige mellemregning, at vi har svært ved at læne os tilbage og blot være til i nuet uden at snuppe vores telefon, fordi vi simpelthen bliver afskåret fra fællesskabet på sociale medier eller resten af verden, for den sags skyld. Du kan prøve at teste, hvilken indvirkning det vil have på dig at være offline en hel dag. Prøv at stoppe dig selv næste gang du er ved at tilgå sociale medier, nyhedsmedierne, din mail, eller hvad ved jeg Det samme gør du de næste 50 gange, du skal til det i løbet af i dag, og mærk så efter, hvordan det føles ikke at være online en hel dag, ikke at kunne følge med i hvad veninderne har gang i, hvad der sker i verden, hvad familien laver i Herning, hvad fodboldklubben poster på deres væg eller for den sags skyld dit fritidsjob med det enorme forum for vagtbytte.

Igen vil jeg vove mig ud i at påstå, at også du vil have følt dig betydelig mere ensom i dag end i går, hvor du var en del af et vanvittigt stort netværk på blandt andet de sociale medier. Og det er vel nok den bedste forklaring på, hvorfor sociale medier er blevet en besættelse for mange. De giver os en følelse af at høre til, og hvis man ikke er online, går man simpelthen glip af for meget, og det er ubehageligt for os. Sociale medier holder derfor en igangværende illusion kørende om, at vi er nødt til at multitaske for at holde os opdaterede på alt og alle, og den illusion fjerner et væsentligt fokus fra, at vores psykiske velbefindende faktisk har et behov for stabilitet og ro. Men det er usundt for os, og hvad med vores eget liv? Hvornår tilvælger vi dét pr. automatik som førsteprioritet, når vi aldrig har en pause fra den myldretrafik, der for mange karakteriserer vores hverdag på nettet?

AT STÅ STILLE

Jeg finder det temmelig alarmerende, at mange af os lever i et gear, hvor vi nogle gange slet ikke selv kan følge med. Vi er ofte orienterede i fremtiden og kan næsten ikke nå at besøge alle de rej-sedestinationer, som vennerne nåede sidste sommer eller for dens sags skyld at have fingeren på pulsen, når der skrives CV, og venin-derne har tre frivillige jobs, de dagligt poster om. Instagram og Fa-cebook gavner os heller ikke i dette tilfælde, i og med at de skaber muligheden for, at alle kan holde den mest fordelagtige fortælling i gang, hvorfor sammenligningsgrundlaget bygger på en idealisme, der er svær at leve op til.

Så hvordan påvirker de sociale medier os, når de dagligt minder os om, at vi skal holde os opdateret for ikke at lide "den sociale død"? Hvordan kan dette pres være foreneligt med vores iboende behov for ro og balance? Og for ikke bare at dvæle ved det negative uden også at blive løsningsorienterede; hvordan gør vi det lige så fristende at logge *af* sociale medier, som det er at logge på? Jeg tager tit mig selv i lige at tjekke en sms, og så med det samme derefter trykke på mailikonet på min telefon. Selvom det kan se ud som en uskyldig handling, ligger dette vanedannende aspekt til grund for – måske – hele det afhængighedsdannende aspekt af soci-ale medier, og jeg tror, at vi bliver nødt til at blive opmærksom på disse små uskyldige handlinger for at give vores hjerne et pusterum.

Ifølge evolutionspsykologien er vores hjerne skabt til at tackle de udfordringer, som vores forfædre stod overfor[10]. Vores hjerne er altså skabt til at overleve i et miljø, som er meget fjernt fra det sam-fund vi lever i i dag. Med denne viden kan man frygte, at vores hjerne er temmelig presset i vores teknologiske netværkssystem, hvor der ikke er lige så meget ro, som der var i jæger/samler-stenal-deren! Samme teori belyser nemlig, hvordan vores hjerne stadig op-fanger faresignaler og stress på samme måde, som den gjorde da vo-res forfædre levede. Ergo kan den konstante informationsstrøm, som vi udsættes for i dag, ses som værende en stressfaktor, på lige fod med den, som eksempelvis vilde dyr var for os i fortiden. Problemet består dog i, at der langt fra var så mange truende dyr dengang, som der er notifikationer på Facebook i dag. Vi skal hele tiden forholde os til input, som sætter gang i vores indre produktion af stresshormonet kortisol, hvilket må siges at være et paradoks til den pause, vi alle sammen tror, at sociale medier er lig med.

Som tidligere nævnt har mange også bildt sig selv ind, at sociale medier er en pause fra en stresset hverdag. Den pause, hvor man får tilfredsstillet sit nysgerrige sladder-gen og bare lader tankerne flyve. Dét, at man selv synes, at det er en pause, kan måske også være nok til, at det faktisk føles som en pause. Sociale medier minder os dog bare ikke om, at man bør tage en slapper og nyde lidt ro, fordi det er en platform, der kan sætte os i forbindelse med et utal af kontakter. Hvis vi logger af sociale medier, afskriver vi os samtidig alle de informationer, der deles derinde. Derfor er det meget lettere blot at lade sig rive med og følge sine fingre på sin telefon, som nemt kan guide os gennem den daglige rutine med at tjekke Facebook, Instagram, Snapchat, LinkedIn, nyhederne osv.

Som psykolog finder jeg det dog ekstremt vigtigt, at vi finder vej til modsætningen til dette hamsterhjul. Med dette mener jeg, at vi skal være bedre til at sige: *Nej, min telefon kan godt lige vente lidt, jeg behøver ikke tjekke den mail nu, eller det nye resultat for eksamenen, eller Marias svar på Messenger, eller fællesbeskeden i forhold til indflyttergaven, eller Fridas nye profilbillede. Lige nu har jeg måske mere brug for at tage en dyb indånding og hvile mine øjne fra visuelle stimuli.* Eftersom sociale medier ikke just er fora, der står stille, bliver vi, i højere grad end nogensinde før, påmindet om fremtiden gennem grupper med vagtbytte på arbejdet, nye begivenheder, vi skal trykke deltager i, eller blot ligegyldig information, som frister os til at være et andet sted, end lige dér, hvor vi er. Det bliver svært for os blot at stå stille, slappe af og nyde nuet. Selv på ferier er de fleste af os online, selvom vi rent faktisk tager fysisk og geografisk væk for at slappe af. Men det er vel i grunden næsten ligegyldigt, hvor langt vi bevæger os væk, når mange af os føler, at sociale medier, og internettet generelt er et fast inventar i vores kuffert. Vi har jo som udgangspunkt ikke "været" på ferie, hvis den ikke bliver iscenesat på Instagram eller bliver synliggjort gennem et nyt profilbillede på Facebook af vores total lækre brune korpus, ligesom alle de andre veninder gør i juli.

Min pointe er, at selvom vi måske har glemt det, så trænger vi altså rent fysiologisk til en pause indimellem – også fra sociale medier og vores telefon. Som du nok har gættet, er jeg meget optaget af menneskers psykiske velbefindende, og dette punkt er slet ikke en undtagelse i regnestykket. Vi har alle godt af at få en pause fra resten af verden lidt oftere, end hvad vi måske får i dag.

En pause, hvor vi kun skal forholde os til vores eget liv i stedet for alle andres. Et afbræk, der måske vil kunne bidrage med noget værdi, som vi ikke forventer at få. Eller blot et pusterum, hvor det i sig selv er målet, og hvor vi egentlig ikke behøver at få noget særligt ud af det, udover en afslappet og rolig krop. Vi er biologiske væsner med en begrænset mængde af behov; vi har brug for mad, søvn og tryghed – mens rigtig mange af de andre behov blot er ideer, vi har fået hen ad vejen.

TÆND FOR DIN BEVIDSTHED

- Start med at overveje om du, ligesom mange andre, lever i et højt tempo, hvor du går lige fra det ene (sociale) medie til det andet, og hvor du måske sjældent har en reel pause fra forskellige informationer fra skærmen. Overvej om det gør noget godt for dig, eller om det måske direkte gør noget dårligt for dig og din hverdag.

- Prøv at undersøge, hvordan 15-20 minutter på sociale medier påvirker dig: Har det reelt set været en pause for dig, eller har du brug for en rolig pause, *efter* du har været online? Hvilke tanker er gået gennem din bevidsthed? Hvilke følelser er gået gennem din krop? Måske har du ikke lagt mærke til dem, og det er også helt normalt.

- Hvis du dog har lagt mærke til dine tanker og følelser, så spørg dig selv, hvilken indvirkning disse tanker havde på dit humør eller din krop. Her mener jeg f.eks. tanker, som kan være kommet af at se på forskellige billeder af vores omgangskreds, der retter sig mod vores egen formåen eller udseende. For at forstå hvilken indvirkning sociale medier har på os, er det vigtigt at forstå hele den strøm af handlinger, der afføder tanker, der leder til følelser, som i mere eller mindre grad kan påvirke vores humør og vores generelle overbevisninger.

- Overvej om du er bevidst om, hvorvidt du er online i modsætning til offline i løbet af dagen. Kan det være, at du er for meget på din skærm i løbet af dagen, og at denne tid går fra din kvalitetstid med din partner, venner eller børn? Er du nærværende *nok* i livet udenfor skærmen? Hvis du kommer frem til, at du godt kan arbejde lidt mere med denne balance, er du allerede godt på vej. Ved at forholde dig til disse spørgsmål er du allerede ved at tage stilling til dit brug af sociale medier.

- Overvej hvordan du har brug for at indrette dig anderledes i din hverdag i forhold til dine digitale vaner. Måske har du brug for at holde fem pauser på fem minutter hver dag. Pauser, hvor din hjerne rent faktisk får ro, og hvor du ikke logger på sociale medier. Du kunne sætte dig og kigge ud ad vinduet, eller blot lukke øjnene, mens du trækker vejret dybt ned i maven. Dette er lettere sagt end gjort, men dét at tage valget, er et godt skridt på vejen. At påminde sig selv om det, de 15-50 gange vi er på vej ind på sociale medier i løbet af dagen – dét kræver vilje og vedholdenhed. Det vender vi tilbage til i kapitel syv.

KAPITEL 3

I BESTRÆBELSEN PÅ AT DELE VORES LIV PÅ SOCIALE MEDIER, RISIKERER VI AT GLEMME BLOT AT VÆRE TIL FOR VORES EGEN SKYLD

Klokken var ved at nærme sig midnat i London nytårsaften. Menneskemyldret var enormt, og vi følte os heldige, fordi vi havde fundet en halv kvadratmeter på Lambeth Bridge, hvor vi lige akkurat kunne få en plads. Om et øjeblik ville fyrværkeriet gå i gang ud fra London Eye – det vi alle havde ventet på den sidste time.

Med det samme Big Ben begyndte at buldre, blev himmelen oplyst af de smukkeste farver, og bragenes ekko gav genklang i de gamle bygninger, der tårnede sig op i Westminster. Min spænding, der var blevet forløst i et smil, fortrak sig på grund af en lille pirrende irritation over, at jeg måtte konkurrere om mit udsyn med de første ni telefoner, der skød op over folks ansigter lige rundt omkring mig – for selvfølgelig skulle vennerne ikke gå glip af denne aften. Hvad fik mig også til at tro, at dét at have ventet en time med stivfrosne tæer gav mig nogen som helst form for første ret?

Og hvad endnu vigtigere er – hvorfor skulle folk, der havde ventet lige så længe som jeg, <u>selv</u> have lyst til at opleve fyrværkeriet i stedet for at se det gennem en lille skærm?

Det her med at dele ting, lige fra oplevelser til følelser på sociale medier, relaterer sig også til de to foregående kapitler, for det hænger uløseligt sammen med frygten for at gå glip af noget, og samtidig udsætter det os for et enormt fravær af ro. Et stigende behov for at dele vores liv her og nu, gør det svært rent faktisk at være til stede i nuet. Pludselig har flere af os fået mere travlt med at følge med i andres liv på sociale medier, så vi måske glemmer at observere nuet i forbifarten. Livet venter ikke på, at vi får smidt videoen op af lille Maja, der tager sine første skridt. For lille Maja har da ikke tid til at vente, hun går bare videre hen mod trappen, så vi må træffe en hurtig beslutning om, hvad der er vigtigst.

Sociale medier gør det dog heller ikke særlig nemt for os at tage kritisk stilling til, hvorvidt vi ønsker at dele vores liv, da vi ugentligt bliver påmindet, at vi skal dele de ting, vi kan: Hvad har vi på hjertet? Hvor befinder vi os rent geografisk? Hvad er vores reaktion på det, som vi ser og læser? Og hvad føler vi? Det er forståeligt, hvis det ikke falder os naturligt at spørge os selv: *Hvad* vil jeg dele, med *hvem, hvornår* vil jeg dele det og *hvorfor* i grunden?

Oplevelsen nytårsaften var en af de første, jeg havde for nogle år siden, hvor jeg for alvor lagde mærke til, hvor mange der, med stor sandsynlighed, ikke nød øjeblikket, de havde ventet på, men i stedet havde mere travlt med at filme det. Det forbløffede mig virkelig, fordi mange – ligesom jeg – måtte have haft et mas med at komme hen til broen, og det havde været temmelig køligt at skulle stå der i så god tid, bare for at få en plads med udsyn til fyrværkeriet. Jeg ved godt, at folk nok *så* det. Men hvad ligger der egentlig i betydningen af at "se"?

Så de det, som de ser diverse ting på Facebook – altså med en vis standby funktion, som man udvikler, når man er vant til, at ting bare passerer for ens øjne – eller så de det, som de ser på kaffemaskinen mandag morgen med længsel, som gør, at de smager samtlige af kaffens nuancer, eller som de ser på en god ven, der træder ind ad døren? Selvfølgelig kan det lade sig gøre både at se fyrværkeriet med sine egne øjne og samtidig optage det på sin telefon. Men det må altså tage toppen af oplevelsen, lige at skulle holde telefonen i sin ellers stivfrosne vanteløse hånd for, at man bagefter kan dele den på de sociale medier, og der er sikkert også mange, der når at dele den,

mens de står på Lambeth Bridge, plus at de selvfølgelig også lige
"tjekker ind" samme sted.

"GÅR VI REELT SET MERE GLIP AF NUET, VED AT VI HAR SÅ TRAVLT MED AT "INDFANGE" DET?"

Men måske blev videoen slet ikke lagt op på sociale medier.
Mange optog måske videoen for, at de selv kunne se den igen som
et minde. Det er blevet meget normalt at have travlt med at optage
så meget af nutiden, som vi kan komme afsted med, i tilfælde af at
vi får lyst til at genopleve den i fremtiden. Men får vi nogensinde
trykket "afspil" på alle de videoer, som vi optager? Ville vi rent fak-
tisk mangle dem, hvis vi ikke tog dem?

Jeg tvivler også på, at kvaliteten af de videoer, der blev optaget
på Lambeth Bridge den nat var af ret høj kvalitet. Ikke nok med at
de mange telefoner kæmpede om pladsen for at få frit udsyn til den
magiske himmel, så er det vel begrænset, hvor meget man rent fak-
tisk kan få med af hele lydniveauet og himmelens glans. På trods af,
at teknologien i smartphones er af meget høj kvalitet i dag, så er det
bare ikke det samme at optage noget så storslået og se det bagefter,
som det er rent faktisk at være til stede og opleve det. Husker vi at
spørge os selv, om vi har brug for at optage det, eller om vi hellere
vil opleve det, mens vi står i det?

KROPPEN HUSKER

Det er værd at overveje, hvad det "koster" os at optage vores liv gennem film og billeder. Går vi reelt set mere glip af nuet, ved at vi har så travlt med at indfange det? Alle de sanselige indtryk, som vi får, når vi oplever noget i nuet, er med til at gøre vores oplevelse ekstra levende. Det er også de indtryk, som vi efterfølgende husker, fordi det er dem, der har formet oplevelsen og giver den værdi. Hvis vi står med vores telefon i hånden og ser verden gennem den, fordi vi skal være sikre på, at vi får hele billedet med, og at det ikke bliver skævt – så bliver jeg i tvivl om, hvorvidt vi får alle sanseindtrykkene med, fordi vi ikke på samme måde giver oplevelsen vores fulde opmærksomhed.

Så når vi tror, at vi optager øjeblikket for at gemme det til evig tid, hvad er det så i virkeligheden vi gemmer? Har vi indkapslet vores oplevelse af begivenheden med alle de sanseindtryk vi måtte have, eller er det blot et desperat forsøg på at få det hele med, som gør, at vi netop modarbejder dette, fordi vi ikke er nok til stede til at kunne mærke nuet? I stedet for at få hele øjeblikket med, hvor vi oplever fyrværkeriet med vores øjne, ører, mærker kulden i vores krop og varmen fra vores nærmeste, som vi står tæt op ad og deler øjeblikket med, går vi måske netop glip af det, fordi vi forsøger at få den helt rigtige vinkel på vores skærmbillede. I stedet for at tænde vores sanser, forsøger vi panisk at få alle farverne med, skruer helt op for lyden på vores telefon, samtidig med at vi skal være klar til at zoome inde og følge bevægelserne på den store himmel. Når videoen er gemt, kan vi sætte flueben ved dén indkapsling af øjeblikket – dét må virkelig have været en afslappende oplevelse...

"DERUDOVER FINDER JEG DET VIGTIGT AT TÆNKE OVER, OM DET NØDVENDIGVIS ER DET BEDSTE FRA FERIEN, SOM VI TAGER BILLEDER AF MED VORES TELEFON, ELLER OM DET FORTÆLLER MERE OM, HVAD VI GERNE VIL HUSKE SOM DET BEDSTE FRA FERIEN? MÅSKE ENDDA HVORDAN VI VILLE ØNSKE AT FERIEN BLIVER HUSKET OG VIST"

Jeg har selv lagt mærke til, at jeg i høj grad husker en ferie gennem de billeder, jeg har fra den. Efter ferien ser jeg indimellem på de forskellige billeder, og før jeg ved af det, er der gået et par år, og pludselig mindes jeg ferierne gennem disse billeder. Modsat mindes jeg i mindre grad ferierne gennem mine egne *indre* billeder og sanseindtryk. De minder, som jeg har lagret i min krop gennem sanserne, er der selvfølgelig stadig, men det er sjældent de første, der popper op i mine erindringer. Forskellen er i mine øjne, at hvis vi lader vores telefon optage vores minder, så glemmer vi at bruge vores hukommelse, som er skabt til at få vores minder "pakket ned" til senere – og disse bliver netop formet af vores sansebearbejdning, som gør vores minder unikke. Det er blandt andet derfor, at forskellige mennesker ser verden forskelligt. Derudover finder jeg det vigtigt, at tænke over, om det nødvendigvis er det bedste fra ferien, som vi tager billeder af med vores telefon, eller om det fortæller mere om, hvad vi gerne vil huske som det bedste fra ferien? Måske endda hvordan vi ville ønske, at ferien bliver husket og vist.

Vores hukommelse er skabt til at huske vores oplevelser gennem sanserne. Hjernen arbejder i døgndrift med at opfange alle de visuelle indtryk, som vores øjne sanser; alle lydene, duftene, smagsoplevelserne, mens resten af vores krop hjælper med at huske, hvordan det føltes at være dér – hvordan vores tæer mærkede sandets varme eller regnvejret, der trængte gennem vores sko, hvordan vores fingre hjalp med at samle nogle af wokrettens ris op, fordi pindene simpelthen ikke var tilstrækkelige, og hvordan vores mave havde det, da vi gik mætte fra morgenbuffeten. Alt sammen guidet af vores hjerte og personlighed, der skærper vores opmærksomhed mod netop det, som vi finder mest relevant. For slet ikke at glemme vores tanker, som ofte fylder meget – hvad tænkte vi, da vi så det skæve tårn i Pisa? Jeg tænkte: *Var det bare det? Alle de mennesker, der står og læner sig ud i luften, bare for at få taget det ene perfekte billede, hvor vinklen er korrekt.* Hvis man gør sig meget umage, kan man godt tage et billede af tårnet med en fin baggrund, men det er faktisk svært, fordi det vrimler med mennesker og grimme bygninger rundt omkring. Ergo: Virkeligheden er ikke halv så flot som det ene perfekte billede, vi vælger at tage med derfra.

Pointen er altså, at hvis vi vælger at tage et billede af fyrværkeriet eller for den sags skyld en video, så kan det være, at vi glemmer at tænde for sanserne og opleve det fuldt ud.

Det ville være forkert af mig at påstå, at dét at tage billedet altid afholder os fra at opleve øjeblikket fuldt ud. Hvis vi vel at mærke oplever øjeblikkene, kan billeder gøre, at vi mange år efter kan rejse præcis tilbage til det øjeblik, hvor billedet blev taget, og pludselig kommer alle de sanselige oplevelser tilbage. Så billeder kan hjælpe os med at huske de ting, som vi egentlig havde fortrængt. Men omvendt kan jeg også godt frygte, at jagten på de gode billeder kan være små skridt på vejen til, at vi begynder at opleve vores liv gennem billeder, hvilket *kan* afholde os fra at opleve livet gennem vores sanser.

Så hvorfor denne prædiken for at opleve livet med alle vores sanser slået til? Jo, fordi det ville være så synd, hvis vi pludselig stopper med at huske vores oplevelser *selv*, fordi vi dybest set har vores teknologiske værktøjer til dette via billeder og den igangværende fortælling på sociale medier. Muligvis ville en konsekvens være, at vi ubevidst begynder at tænke: *Vi behøver ikke huske det, fordi vi har optaget det.* Og hvad gør vi så den dag, vores harddisk på computeren bryder sammen, sociale medier kortslutter, eller vores telefon holder op med at virke? Det er dér, vi bliver konfronteret med, om de vigtigste minder er i vores hukommelse eller på disse teknologiske værktøjer. For mig skete det tilbage på psykologistudiet. Jeg havde så mange gode billeder fra Vietnam og Australien, som jeg aldrig har fundet igen, og jeg blev så ked af det. De betød jo enormt meget for mig, fordi de mindede mig om alle afskygninger af mit livs rejse! Det tog mig altså lige et par timer, inden jeg kom frem til, at minderne jo heldigvis ikke forsvandt – jeg kunne bare ikke hænge dem op på væggen nu. Det kan være så svært at huske på, at minderne ikke forsvinder sammen med billedfilerne, fordi vi er blevet vant til at lagre vores oplevelser herigennem.

DE OVERFLADISKE DELINGER

Jeg havde en lignende oplevelse som den med fyrværkeriet, da jeg for nogle år siden var til en julekoncert ude foran Salling i Aalborg, en iskold oktober aften, hvor jeg igen ikke kunne se scenen for telefoner. Der er virkelig gået inflation i at sende snaps af decideret *alt* (men det ved du nok godt). Ved siden af mig stod en far, som satte sit ben op på et cykelstativ, så hans lille datter kunne sidde på det – og han havde knap nok nået at fuldføre handlingen, før to forskellige venindepar måbede over, hvor sødt det var. Tre sekunder efter havde den lille pige fire telefoner i ryggen, hvorefter hun blev delt på sociale medier.

Udover, at vi jævnfør persondataloven, skal have samtykke fra de mennesker, som indgår på billedet, før vi deler det, så bliver jeg nødt til at stoppe op et øjeblik. Det er okay, at de synes, det er sødt. Det syntes jeg da også, det var. Men hvorfor skal deres venner se det? Kan vi ikke spole tiden 10 år tilbage til dengang, hvor det var nok *selv* at finde det sødt. På en eller anden måde er det naivt at tro, at ens venner gider at beskæftige sig med alle de tankeløse billeder af ingenting. En far, der er sød ved sin datter – ja, det er sødt, men også forventeligt. Jeg ville tværtimod undre mig, hvis jeg så en forælder, der bare lod sit lille barn stå på jorden til en koncert, velvidende at barnet ikke var høj nok til at se op på scenen (gad vide, om de også ville tage en snap af det?).

Lad mig tage dig med tilbage til en anden situation. Da min mand var i praktik i Bruxelles under studiet, besøgte jeg ham i et par uger, mens jeg studerede dernede fra. En dag sad jeg på en cafe, og et par borde væk fra mig havde to piger lige fået placeret to cafe latte og muffins foran sig. Det første, de gjorde, var at anrette det lidt pænere end tjeneren formåede, hvorefter begge løftede deres telefon og zoomede ind.

Kan du se det for dig?

'HVILKE KONSEKVENSER HAR DET, NÅR VI HAR MERE TRAVLT MED AT DOKUMENTERE PÅ DE SOCIALE MEDIER, AT VI ER PÅ CAFE MED EN VENINDE, MENS DER LØBENDE VÆLTER SNAPS, BESKEDER OG NOTIFIKATIONER IND, I STEDET FOR RENT FAKTISK AT VÆRE TIL STEDE PÅ CAFEEN?'

Måske er det mig, der er helt gal på den. Det er da totalt hyggeligt at være på cafe med sin veninde og så lige bruge de første par minutter på at informere alle andre om denne begivenhed ved at uploade et billede på Facebook, Instagram og så lige snappe den rundt efterfølgende – selvfølgelig knyttet med en kommentar a la

#påcafemeddensødeMille #mitguld #leverdetvildelivpåminSU. Måske er det virkelig hyggeligt at være sammen med sine veninder og så samtidig være sammen på sociale medier. Måske bløder det ovenikøbet op på den selvkritik, som mange kan sidde med, når de selv er logget på sociale medier og scroller Instagram profilen igennem for den flotte influencer, og føler at de slet ikke kan leve op til hendes smukke ydre. Hvis man derimod er to, kan man blive enige om, hvor smuk hun er, men at man i det mindste har hinanden.

Men omvendt kan det også være, at mange ikke tager stilling til, hvem de er sammen med og hvornår de bruger deres telefon. Så derfor er et cafebesøg ikke en undtagelse fra vores skærmbrug. Hvad blev der af blot at opleve ting *uden* at have et ustoppeligt behov for at dele det? Er det i frygt for at blive ekskluderet fra fællesskabet? Eller er vi bange for at glemme at vise, at vi også har det sjovt? I så fald, hvad tror vi rent faktisk, at vi bliver ekskluderet fra ved ikke at være på de sociale medier, mens vi laver noget andet?

Og skal vi lige vende det om – hvilke konsekvenser har det, når vi har mere travlt med at dokumentere på de sociale medier, at vi er på cafe med en veninde, mens der løbende vælter snaps, beskeder og notifikationer ind, i stedet for rent faktisk at være til stede på cafeen? Kunne man forestille sig, at det kunne være mere afslappende at være sammen med sin veninde uden alle forstyrrelserne? Eller for den sags skyld, at veninden syntes, det ville være mere hyggeligt at være sammen med dig, uden hun skulle konkurrere med alle medier i verden om din opmærksomhed?

Måske.

Tilbage i Bruxelles er en skoleklasse i færd med at passere cafeens store vindue. En af eleverne stopper op og tager i alt hast et skævt billede af cafeens vindue i forbifarten. Jeg er godt med på, at det vælter ind med gode eksempler på folks telefonvaner lige nu, men jeg er sikker på, at de fleste vil kunne komme med lignende realistiske eksempler. Kunne det tænkes, at vores standarder for, hvad der er interessant at tage billeder af, er blevet sænket bare en anelse?

Udenfor cafeen er pladsen foran det kongelige bibliotek blevet spækket til med selfiestænger. Det ville være et perfekt billede at tage som et bevis for, at vores årti – måske – er det mest egocentriske, der nogensinde har været på denne planet! Jeg kan godt forstå, at man gerne vil have en selfie med hjem fra sin ferie, men hvornår opstod behovet for at have 500 billeder med hjem?

Når jeg bladrer mine forældres fotoalbummer igennem, ser det ud, som om der var engang, hvor man mest af alt tog billeder af naturen, landskabet og bygninger for at vise, hvor man havde været. Jeg ved ikke, om vi i mindre grad gør det i dag, fordi vi jo har Google, så vi behøver ikke at vise dem derhjemme, hvor vi har været. De kan bare selv google det, og *bum,* så har de et perfekt billede (uden turister), af det, som vi selv stod i kø for at tage på ferien. I dag er der nok også andre end mig og min far, der har siddet på Google Maps inden en rejse og zoomet ind på feriedestinationerne for at være sikker på, at de har udvalgt de bedste steder på deres rejse. I dag virker det dog mere udtalt, at vi tager billeder af os selv (bortset fra når vi tager billeder af cafefacader og fortovet i en snap), fordi vi skal vise, hvor sjovt vi havde det på rejsen, eller hvor lækre vi så ud, da vi lå i bikinien på den guddommelige sandstrand. Vi er blevet helt enormt optaget af os selv, og dette tror jeg blandt andet, er fordi vi i stigende grad møder et krav om dette på de sociale medier. Der er hele tiden fokus på, hvad man har på hjertet og hvad man vil dele med sit netværk.

Nyder vi vores ferie og andre begivenheder, når vi har enormt travlt med at tage billeder af decideret alt? Og har vi i alt hastværket glemt bare at mindes vores ferie for vores egen skyld?

Hvis vi skal fortsætte med de overfladiske delinger på sociale medier, så er det også relevant at grunde lidt over det digitale julekort på Facebook, den obligatoriske "familiejulehilsen" med budskabet: *Glædelig jul ønskes du af Familien Holm Mikkelsen,* hvor hele familien står på rad og række med nissehuer og et kæmpe smil (og det er uafhængigt af, om flæskestegen brændte på, eller om stemningen blev ødelagt et sted på vejen, hvilket sker i mange hjem, fordi alle har så mange forventninger til denne højtid).

Hvad blev der af julekortet i papir, som blev sendt afsted med posten? Er det blevet for dyrt og er vi for utålmodige til at vente på PostNord?

Med frygt for at pege for meget fingre, var hele ideen med at sende et "rigtigt" julekort vel, at det var hyggeligt at få et brev med posten, og at det faktisk var en personlig julehilsen i modsætning til et opstillet billede, hvor hele familien har limet et tandpastasmil på femøren, knyttet til en overfladisk kort hilsen, der når ud til hele deres netværk.

Jeg kan huske dengang min mor nød at modtage og sende julekort, fordi det var den ene gang om året, der virkelig lagde op til, at man kunne kigge tilbage og "samle op" – mindes alle de gode stunder, som familien havde delt på lige fod med udfordringerne, og modsat få en varm hilsen fra en kusine, som fortalte om hele deres år, som kompenserede for savnet til dem, når besøgene blev for få. Men okay, i dag er der en øget sandsynlighed for, at vi allerede *ved,* hvad de har fået året til at gå med, fordi vi har kunnet følge med fra sidelinjen på sociale medier, så hvorfor har vi brug for et kort?

Det er heller ikke sikkert, at vi har. Nogle savner det nok mere end andre, og for dem der gør, kan det have noget at gøre med det autentiske i denne tradition. Måske tog det lidt tid at skrive kortene, men hvis man nyder at skrive og modtage dem, så er pointen med al nostalgien – om det omhandler feriebillederne ovenfor eller julehilsnerne i papir – at vi skal huske at holde ved de ting, som bringer værdi til vores liv. Også selv om vi rent faktisk kan følge med i alles liv online, for lur mig, om der ikke står nogle andre ting i julekortet i papir, end der gør i juleopslaget på Facebook.

VORES LIVS ØJEBLIKKE

Iblandt de mange overfladiske delinger på sociale medier, skyder alle de dybe historier også op, som var de ukrudt i et smukt blomsterbed. Hensigten med at lave denne metafor er for at tydeliggøre min oplevelse af, at sociale medier i allerhøjeste grad er domineret af alle de ligegyldige informationer, så de dybe historier bliver en anelse malplacerede. Når vi scroller ned over vores feed, kan vi komme til at *forvente* at se nuttede pandabjørne, mens at vi langt fra er forberedt på de dybe opslag om alt fra en gammel ven, der fortæller, at han er biseksuel, til at en anden har mistet sin far.

Al respekt for frihed til at tale om sin individuelle seksualitet, og jeg finder det dybt tragisk, når unge mennesker mister deres forældre. Men skal det deles på sociale medier? Siden hvornår legitimerede vi, at denne platform både skulle indbefatte nuttede dyrevideoer eller bekendtgørelser i forhold til vores seksualitet og dødsannoncer?

'JEG KAN VÆRE BEKYMRET OVER, AT DISSE ÆRLIGE ORD LIGGER PÅ DE SOCIALE MEDIER, FORDI JEG ER BANGE FOR, AT VI NOGLE GANGE GLEMMER AT SIGE DE SAMME ORD HØJT ANSIGT TIL ANSIGT'

På et vis plan spænder det simpelthen for bredt, fordi de mennesker, der kommer med de dybe opslag, umuligt kan få den anerkendelse og opmærksomhed, som de muligvis har brug for. De kan få et like, en reaktion eller en kommentar, men det får pandabjørnene som regel også. Så hvordan differentieres der imellem vores respons på alle disse nyheder?

Jeg forestiller mig, at de mennesker, som deler deres dybe livshistorier, får rigtig meget ud af det og føler, at de mærker omsorg fra mange flere i deres netværk, når der kommer kommentarer på deres opslag. Men jeg tror, at det er rigtig vigtigt for mennesker, der har mistet, at de husker at dele det dobbelt så meget udenfor sociale medier med deres nærmeste. Jeg kan frygte, at selvom man måske også gerne vil snakke med sine forældre eller sine nærmeste venner om det ansigt til ansigt, så bliver det sværere og sværere at påminde sig selv om dette behov, når man får dækket en del af behovet online. Sociale medier kan nå ud til et langt større publikum og kan dermed afføde langt flere kommentarer og reaktioner, end hvad nogle mennesker tør udvise i den virkelige verden.

En del af os er bedre til at udvise omsorg, når vi ikke skal stå ansigt til ansigt med et andet menneske, mens andre stortrives i det fysiske nærvær. Men vi skal blot huske, at vi stadig er bløde mennesker indeni, der *stadig* har behov for fysisk nærvær, intimitet og masser af omsorg, så disse opslag må aldrig blive en erstatning for sorgbearbejdning i livet udenfor skærmen. Selvfølgelig er det helt fantastisk, hvis sociale medier kan gøre noget godt i denne proces, men vi skal blot huske at tage stilling til, om de reelt gør noget godt.

En vigtig detalje ved at dele ens sårbare side på sociale medier kan nemlig være, at nogle af de vigtige personer i vores netværk kommer til at reagere på det på sociale medier og derved kommer til at glemme at give det nok opmærksomhed i livet udenfor skærmen. Dette vil måske ofte være en forglemmelse – dog en naturlig konsekvens af al den information, som vi deler online – men det kan nemt komme til at føles som en manglende omsorg for den, der har delt noget sårbart. Og dette anser jeg som en unødvendig byrde at bære for en person, som i forvejen har det meget svært. Det er vigtigt for mig at pointere, at jeg ikke er fordømmende over de intime billeder, som nogle mennesker deler på sociale medier, samt de rørende kommentarer, som de afføder. Men jeg kan være bekymret over, at disse ærlige ord ligger på de sociale medier, fordi jeg er bange for, at vi nogle gange glemmer at sige de samme ord højt ansigt til ansigt.

Sociale medier er altså blevet platforme, hvor vi også deler de allervigtigste begivenheder og følelser i vores liv. Noget af det, som jeg især bemærker, er alle scanningsbillederne af babyer, der florerer på min startside sammen med maver, der strutter og babyer, der lige er kommet ud – hvilket selvfølgelig er blevet et lige så naturligt inventar på sociale medier som kattevideoerne. Vi poster også, at vi er blevet forlovede sammen med et par billeder af ringen, vores omfavnende hænder og de bedste billeder fra vores tid sammen for at stadsfeste vores kærlighed. Derudover dukker der også billeder op fra sølvbryllupper, hvor parret står under æresporten med et stort smil, ligesom vores runde fødselsdage også kan havne på Facebook og vores børns konfirmationer. Jeg har sågar oplevet, at en mor postede et billede af gavebordet med en sej uindpakket racercykel, inden sønnen kom fra kirke, og min mor blev pludselig bekymret for, om hun havde tænkt over det, eller om hun skulle skrive til hende, så hun kunne få opslaget ned igen?! (sønnen havde jo sikkert Facebook og kunne se sin seje gave; surprise).

Diversiteten i folks opslag på sociale medier er nok én af de ting, der giver dem deres underholdningsværdi. Men igen – lever vi for at poste ting på Facebook, eller lever vi egentlig bare for vores egen skyld? Mange af ovenstående eksempler var begivenheder, som førhen var et mere privat anliggende. Førhen delte vi kun begivenhederne med vores nærmeste netværk, og altså en lille gruppe af mennesker. Nu deler vi det med alt fra 150-600 mennesker. Det er da noget af en forskel. Jeg siger ikke, at det nødvendigvis er problematisk, men jeg synes da, at det er værd at skænke en tanke.

Når mange mennesker vælger at dele deres forlovelse i dag, forstår jeg da virkelig godt, at de har lyst til at råbe det ud til alle dem, de kender – det er jo fantastisk at have fundet den person, som man vil gå hånd i hånd med gennem livet og dele glæder og sorger med. Jeg tror bare ikke, at folk har tænkt over, hvad der udelades fra deres virkelige liv, når de vælger at gøre dette. I stedet for at have fået den romantiske historie fra sin veninde kan man eksempelvis få denne her kommentar, når det går op for én, hvad man er gået glip af: *Vidste du ikke, at vi er blevet forlovet? Har jeg ikke sagt det? Nå, jeg må have glemt at fortælle dig det, men jeg havde delt det på Facebook* (så du ville have set det, hvis du ellers havde fulgt med, Kathrine).

"JEG UNDRER MIG BARE OVER, HVORFOR BEHOVET OPSTÅR, OG JEG TÆNKER, AT DET MÅ HAVE NOGET AT GØRE MED, AT MANGE IKKE OVERVEJER, HVORVIDT DET ER EN MULIGHED *IKKE* AT LAVE ET OPSLAG"

Men har vi glemt at spørge os selv, om vi ikke hellere vil fortælle om vores største begivenheder til vores netværk, når vi møder dem? Har vi glemt, hvor godt det føles? Eller har vi bildt os selv ind, at det er besværligt at huske at fortælle det til samtlige af vores venner, så derfor er det blevet nemt at lave ét opslag på Facebook, som alle kan se?

Nogle af os laver også et opslag på Facebook, fordi vi gerne vil skabe en overraskelseseffekt, som da min gamle folkeskoleveninde postede ordene: *Nu kan jeg endelig afsløre, at vi har fået en hund!* *Det har været megasvært at holde det hemmeligt, men* ... Måske nyder vi helt vildt, at folk kommer måbende til os og siger: *Jeg så det lige på Facebook!?* Fordelene ved dette er, at det både indbefatter snak om det i virkeligheden, plus at vi høster mange flere likes end i virkeligheden, og at vores nyhed kommer ud til hele vores netværk. Det sparer os for at skulle løfte røret og ringe til dem, vi ikke ser hver dag – dem, der er lige præcis uden for den familiære og nærmeste kreds, som ikke får nys om det, hvis de ikke hører det fra andre. Men hvis vi reelt set ikke har meget med dem at gøre, hvorfor har vi så brug for, at de skal vide det?

Som jeg har været inde på, er mange af os blevet vant til at få skriftlige anerkendelser, så vel som likes, at det kan føles som *nok* for os. Nogle af os har glemt, hvor vidunderligt det er at fortælle sådan noget ansigt til ansigt – hvor skønt det er rent faktisk at høre den andens tonefald, og nyde det delte øjeblik. Det er også okay, hvis vi har glemt det. Vi kan jo overveje, om vi vil lave det om fremadrettet, fordi det er kun os selv, der kan træffe det valg. Det kræver bare som regel, at vi bliver opmærksomme på, at vi savner et eller andet, som vi ikke længere får.

Et andet eksempel er, at mange lægger et billede op af deres nyfødte barn samt en kommentar om barnets vægt og overordnet, hvordan fødslen er forløbet. Udover at jeg tænker, at det er en meget privat sag, hvad der er sket på sygehuset i netop det tidsrum, hvor man som kvinde bliver mor ved at føde sit barn, og at man som mand bliver far, så finder jeg netop også begivenheden så vigtig, at jeg ikke ville kunne finde på at fjerne fokus så meget som et øjeblik for at informere resten af verden om, hvad der er sket i mit liv.

Måske fordi det er noget af det vigtigste, der er sket i *mit* liv. Det er forskelligt, hvor hurtigt folk laver dette opslag på sociale medier. Nogle gør det efter et par dage, mens mange gør det indenfor det første døgn. Jeg undrer mig bare over, hvorfor behovet opstår, og jeg tænker, at det må have noget at gøre med, at mange ikke overvejer, hvorvidt det er en mulighed *ikke* at lave et opslag. For de fleste mennesker, betyder det helt enormt meget at dele den store nyhed med deres allernærmeste. Men jeg finder en kæmpe forskel i at gøre dette og dele sådan en nyhed på de sociale medier, hvor mine 544 "tætteste" venner kan se det og kommentere på det.

Først og fremmest håber jeg, at folk får delt det med deres familie, inden de deler det med resten af verden. For hvor ville det være trist, at alle i familien "har set det" på sociale medier og dermed har samme viden, som ens gamle skolekammerat, når de kommer på barselsbesøg. Trist, fordi de øjeblikke aldrig kommer igen, og jeg synes godt, at der må være forskel på, om vi ser et billede af en nyfødt baby, eller om vi får vores første møde med denne lille guldklump i den virkelighed, der udspiller sig udenfor sociale medier. I tråd med mine refleksioner omkring nytårsaften og den sansebearbejdning, som vi kan være i risiko for at gå glip af, når vi tager billeder og film af virkeligheden, så *er* der en sansemæssig forskel på, om vi oplever at møde barnet eller blot ser et billede.

Hvilken forskel vil vores netværks reaktioner, i form af de eventuelle høstede likes og kommentarer på vores opslag overhovedet gøre i disse vigtige øjeblikke, og hvordan kan deres fattige ord måle sig med den enorme lykke, det er at få et barn?

Jeg tror ikke, at nybagte forældre poster deres lykke på Facebook og Instagram for at få likes. Jeg tror, at mange gør det, fordi det er blevet en så indgroet vane i vores liv, at vi poster alt – så selvfølgelig laver vi lige et opslag. Mange af disse opslag om vores børn fortsætter for nogles vedkommende, indtil børnene er fyldt 14 år. Dermed har mange en uendelig livshistorie, som er klistret fast i cyberspace, hvoraf noget af indholdet, kan være besværligt at slette igen, grundet delinger. Når børnene bliver teenagere, ville det ikke være mærkeligt, hvis de lige skal sluge denne kamel: *Ih, tak, mor! Alle mine sjove sætninger og vigtige øjeblikke ligger online! Fedt!* Igen er jeg helt overbevist om, at ingen forældre gør det i en ond mening. De fleste glemmer sikkert blot at tage stilling til, hvorfor vi deler opslagene og hvad vi indirekte kan komme til at lære vores børn med sådan en barndom. Vi kan eksempelvis begynde at overveje, hvad vores børn ser alle de gange mor og fars ansigt er kamufleret af en telefon, der forsøger at fange alle de vigtige øjeblikke? Hvad kommer børnene til at tænke om deres forældres lyst til blot at se dem i øjnene og grine, uden at forsøge at indkapsle øjeblikket? Hvad er de gode argumenter for at *undgå* at være til stede i nuet og se livet gennem et kamera?

Overordnet set, er det i mine øjne vigtigt, at vi tager stilling til, hvordan vi vælger at dele vores livs øjeblikke. Dette anser jeg for vigtigt, fordi hvis vi lader vores autopilot vælge, hvor meget vi deler på sociale medier, så kan jeg konstatere, at rigtig mange ting bliver delt. Både de lidt mere overfladiske ting, men også de vigtigste dele af vores liv. Hvis vi alle tænkte lidt mere over det næste gang, vi skulle til at poste noget på sociale medier – og undlod at lave vores opslag – så ville vi gøre det nemmere for andre at tage en pause fra sociale medier uden at være panisk angst for at gå glip af noget livsvigtigt. Jo flere opslag vi deler, desto mere opfordrer vi indirekte hinanden til at holde os opdaterede på sociale medier. Ligesom at vi bekræfter hinanden i, at det giver mening at tage billeder og videoer af virkeligheden. Dog kan mange af os glemme, hvordan det er at leve et liv, hvor vi er fuldt ud til stede, og det fortjener vores opmærksomhed. For hvad går vi egentlig glip af i nuet, mens vi jagter anerkendelsen og fællesskabet på sociale medier? På hvilken bekostning sker denne handling?

HVAD LÆRER VORES BØRN?

Du må ikke tolke, at jeg mener, at forældre er dårlige forældre, fordi de tager billeder og videoer af deres barn og lægger det på sociale medier, for det ville være meget fordømmende og snæversynet af mig! Men jeg vil gerne sætte spørgsmålstegn ved, hvorvidt al den tid, mor og far bruger på det, forsvinder fra en meget vigtig tid med barnet.

Noget af det, psykologien har lært os gennem de sidste 100 år, er at de første leveår i barnets liv spiller en afgørende rolle for dets senere liv. Det er her, vores forældre har den fornemme opgave at give os bunkevis af kærlighed og tryghed, så vi kan opbygge modet til at være nysgerrige over for den store verden, som vi møder. En af de mest essentielle opgaver er her noget, som man kalder "spejling" af barnets følelser, så det lærer at mærke sig selv og skabe fundamentet til at opbygge en grundlæggende selvfølelse. Denne er vigtig for at blive et stærkt menneske og består i, at mor og far skal være et spejl af barnets følelser: Når baby er ked af det, skal det kunne se ind i sine forældres ansigter og blive mødt af en forståelse og en rummelighed, der siger: *Jeg kan se, at du er ked af det lige nu, det kan jeg godt rumme, så du må gerne være ked af det, det er helt okay at være ked af det indimellem, og det går lige så stille over igen, jeg skal nok være her og støtte dig.* Dette er selvfølgelig lettere sagt end gjort, og det *er* en kæmpe mundfuld at blive forælder! Vi starter alle sammen ét sted og bevæger os på en rejse, der gør os klogere på vores børn, dag for dag.

I dag ved vi, at denne spejling af barnets følelser er noget af det vigtigste i den tidlige tilknytning til forældrene, og jeg kan somme tider blive bekymret for, om vi har nok tid til denne spejling, når vi indimellem lader skærmene fylde mere, end vi burde. Man kan også spørge sig selv, hvad vi går glip af i vores børns liv, når vi lader vores telefon stjæle vores tid? Og når det nu er blevet sådan en selvfølge at bruge tid på de sociale medier – en afhængighed, som vi ikke altid registrerer og muligvis benægter – tager vi så aktivt et valg, når vi bruger dem, eller følger vi bare med?

Jeg tror, at vi lærer børn, at den telefon, som mor og far bruger så meget tid på, dén er temmelig interessant. Jo mere tid forældre bruger på den, desto mere kan man jo risikere, at det lidt ældre barn selv føler behov for en telefon for at erstatte den manglende interesse fra forældrene. Man kan også forestille sig, at man skaber nogle børn, der er *lidt* for glade for kameraets rampelys, og som kan være i risikozonen for at glemme, hvordan det føles at smile oprigtigt, fordi de har stillet op til så uendeligt mange opslag på sociale medier. Det kan f.eks. være endnu en første skoledag efter sommerferien, en familietur på legepladsen eller et feriebillede, hvor det handler om at se perfekt ud!

'DET ER MIT HÅB AT SYNLIGGØRE, HVOR STORT ET ARBEJDE, DER LIGGER BAG DENNE AKTIVITET PÅ SOCIALE MEDIER, OG HERVED FÅ DIG TIL AT REFLEKTERE OVER, HVORVIDT DET TILFØRER NOGET VÆRDI TIL DIT LIV, ELLER OM DET DERIMOD FRARØVER DIG NOGET TID, SOM DU RENT FAKTISK ØNSKER AT BRUGE BEDRE'

Da jeg var på Bali for nogle år siden, oplevede jeg en lille pige i sit fineste puds ude i en rismark sammen med sin mor, der havde et GoPro-kamera i hånden på en stang, assisteret af sin mand, der stod

ti meter væk og fangede samtlige bevægelser med sit spejlreflekska-
mera. Efter ti minutter med kæmpe påsatte smil og svingende hofter
for fuld udblæsning, stod den lille pige og gabte om kap med sin
mors ustoppelige trang til at stille sig i de vildeste positioner, mens
manden bevægede sig tættere og tættere på. Nogle gange tænker jeg
på, hvor mange gange den lille pige efterfølgende blev sat til at smile
på kommando, og hvad hun lærte den dag.

Som psykolog finder jeg det vigtigt, at voksne har et fokus på, at
børn selv skal have lov til at bestemme om de vil smile eller ej på et
billede. Hermed får de lov til at mærke, hvordan deres naturlige smil
ser ud i forskellige situationer og hvad de rent faktisk oplever i det
gældende øjeblik.

Jeg kender mange fantastiske børn, som har det samme smil på alle
deres forældres opslag på sociale medier, og jeg kan ikke undgå at
bekymre mig for, om børnene lærer, at det er de opstillede smil, der
forventes af dem fremfor et mere naturligt og oprigtigt smil. Mange
børn i dag kan være i risikozonen for at blive snydt for at opleve,
hvordan et feriebillede blev taget for bare ti år siden, hvor det var
okay at se lidt sur ud, hvis du lige havde haft et skænderi med din
lillebror. Eller hvordan en børnefødselsdag foregik, *inden* alt skulle
dokumenteres på sociale medier. Lad os tage et hypotetisk eksempel
på en børnefødselsdag i de sociale mediers årti:

*Døren knirker, da den bliver åbnet, og familiens fødselsdagssang
opfylder spændingen i værelset, hvor lille Mikkel har ligget og ventet
på at blive vækket. Det eneste lys der anes, er det, der kommer ind
fra gangen, da døren åbnes... nårh ja – og så lige mors telefon, der
videooptager hele scenen og fars, der allerede har blitzet to gange
for at "få det hele med".*

*Til morgenmaden, hvor Mikkel åbner gaver, kører videoen stadig
og mor har allerede nået at poste "vækkevideoen" på Facebook,*

hvor hun lige tilføjer et billede af ham i færd med at åbne gaverne i dette øjeblik med hashtaggene; #fødselsdagformindstemanden #stoltmor. Til billedet skriver hun en kommentar: Hvor tiden dog flyver! Mikkel på sin 5-års fødselsdag, hjerte. Samme opslag kommer selvfølgelig på Instagram.

Ovre i børnehaven bliver begivenheden også gemt på telefonen, hvor Mikkel får taget billeder med en kurv fyldt med boller i sine arme. Dette kommer på Instagram; #hvorbliverdedogstoredebørn, med kommentaren: Næste år er han startet i skole!

Eftermiddagskaffen med bedsteforældrene bliver også filmet og taget billeder af i massevis; Mikkel og mormor, Mikkel og morfar, Mikkel og farmor, Mikkel og farfar, Mikkel og kage nr. et, Mikkel og en masse flag, Mikkel og hans gaver, Mikkel og kage nr. to. Og nu til videoen; Mikkel, der puster lysene på kage nr. et ud (en scene, som faktisk blev opstillet igen, efter at den havde fundet sted, fordi mor havde glemt at tage en video). Så da glade Mikkel havde pustet alle lysene ud, tændte mor dem igen, fordi de havde glemt at få det på film. Da Mikkel skulle gennemleve øjeblikket igen var smilet lidt mindre, fordi han jo lige havde gjort det. Videoen blev lagt op på Facebook, sammen med de fleste af billederne.

Aftensmaden blev også forenet i billeder, og da Mikkel faldt i søvn i sofaen sammen med sin søster, blev dagens sidste opslag lavet på Instagram; billedet af Mikkel i sofaen med kommentaren: Så er lillemanden faldet om efter en lang og fantastisk dag! Kan man ønske sig mere end at se sine børn vokse op, hjerte?

Jeg ved ikke, om der er mange, der laver så mange opslag på deres børns fødselsdage som i eksemplet ovenfor. Men jeg kender en del, der ikke er langt fra at opfylde kriterierne. Hvis du kan se dig selv i ovenstående beskrivelse, skal du vide, at jeg for alt i verden ikke har lavet dette eksempel for at udstille dig. Det er mit håb at synliggøre, hvor stort et arbejde, der ligger bag denne aktivitet på sociale medier, og herved få dig til at reflektere over, hvorvidt det tilfører noget værdi til dit liv, eller om det derimod frarøver dig noget tid, som du rent faktisk ønsker at bruge bedre.

Sammenlagt er der måske blevet brugt 30-45 min på at tage billeder, videoklip og få det lagt det op på sociale medier, plus at man også har brugt tid på at tjekke alle kommentarerne. Mon fødselsdagen ville have været mere afslappende for mor, hvis det ikke handlede om at få *alt* med på de sociale medier, men blot selv at nyde sin søns smil? Og hvordan påvirker det vores børn, at alt skal opstilles, filmes og dokumenteres? Lagde Mikkel mærke til, at hans mor havde travlt med at opleve hans fødselsdag gennem sin lille skærm, eller er han bare vant til det?

Det er bestemt ikke for at anklage Mikkels mor, fordi hun er ovenud stolt af sin søn og gerne vil dele det med hele verden. Men jeg tror muligvis ikke, at hun tænker over, hvilket pres hun sætter sig selv under. Jeg tror i højere grad, at hun gør det af vane, mere end at hun har taget et reelt valg. Problemet ved at følge de her vaner er, at man kan glemme, hvad det er vigtigst at få med på sådan en fødselsdag, og det kan være sundt at stille spørgsmål som: Hvad er vigtigst, når mor siger farvel oppe i børnehaven til Mikkel, og hun har bagt en kæmpe kurv med boller? Er det at få det opstillede billede med ham og kurven og et kæmpe smil? Eller er det at se hans oprigtige smil, når han bliver lykønsket af kammeraterne og mor har tid til at sidde der et øjeblik og blot nyde ham uden at dokumentere det på sociale medier? Hvad er vigtigst, når Mikkel skal puste lysene ud på sin kage, og hvad er vigtigst, når de vækker ham om morgenen?

Men kan man ikke få begge dele, tænker du måske? Kan man ikke både se Mikkels glæde *og* dele den på sociale medier? Måske. Men omvendt må den tid, man bruger på at indfange virkeligheden gennem billederne og videoerne, gå fra den tid, man *har* til at opleve virkeligheden. Et eksempel herpå er f.eks. om morgenen, da de vækkede ham, hvor begge forældre havde en telefon i den ene hånd og skulle koncentrere sig om at få alle vinklerne. Jeg tvivler på, at de samtidig kunne give ham en kæmpemæssig krammer og rode rundt i sengen med uglet hår! Ikke at man behøver det, men det er vel en reel overvejelse at gøre sig.

Jeg er glad for, at mine forældre tog et par billeder af mine fødselsdage, fordi det er hyggeligt at kunne følge med i min opvækst gennem fotoalbummene. De fleste børn har vel gode minder fra deres fødselsdage, og måske husker man noget fra dem: At blive vækket om morgenen med sang og fejring, kammeraterne, der sagde tillykke henne i skolen, glæden over at få gæster om eftermiddagen og spændingen i forhold til, hvad der mon var inde i gaverne! Familiehyggen, livretterne og rollen i centrum for én dag. Men hvad nu hvis alt det her med at stille op til film og billeder med kæmpe smil 10.000 gange på bare én dag reelt påvirker børns minder om fødselsdage? Nu skriver jeg "hvis", men kan det *undgås* at påvirke deres minder, når det er så stor en del af dagen?

Jeg kan forestille mig, at der er stor sandsynlighed for, at Mikkel kommer til at huske det med, at han skulle puste lysene ud igen, og hvad mon han tænker om det? *Var det ikke godt nok, at han pustede dem ud én gang? Man plejer da kun at puste fødselsdagslys ud én gang, for sådan er det jo med lys. Når de er pustet ud, er flammen væk, og de er slukket.*

De tunge fotoalbummer i bogreolen bliver nok gradvist erstattet af tidslinjen eller feedet på sociale medier, og måske er det ligefrem dén, som børnene bliver påmindet deres fødselsdag gennem. Men der bliver det et problem i mine øjne, fordi sociale medier er domineret af opstillede billeder med store tandpastasmil, og det vil gøre vores minder mindre nuancerede, når vi skal huske dem gennem disse billeder. Overvej hvor meget tid, der skal bruges på selve dagen, når børnene bliver lidt ældre, fordi samtlige billeder skal gennem et filter, hvor der udglattes fejl og mangler, som resten af sociale mediers opslag jo lever op til. Hvor meget fødselsdag er der lige tilbage efter al dette fokus på iscenesættelse? Kommer vi til at lære børn, at det er ligegyldigt at nyde nuet, fordi det, der i virkeligheden tæller, er det, som vi viser andre på sociale medier? Og kunne man forestille sig, at en konsekvens heraf blandt andet er, at vi kommer til at lære børn, at man ikke behøver at gøre tingene godt nok første gang, fordi vi kan jo bare gøre det om og tage en *ny* film?

Hvis det nu faktisk forholder sig således, er det så noget, vi har lyst til at lære vores børn, eller skulle vi overveje at lære dem noget andet? Vi kunne jo i stedet vise dem, at fødselsdage er nogle skønne dage, hvor man er nærværende med sin familie, uden at det er til skue for resten af verden. Vi kunne herved lære dem at nogle af de mest prisværdige øjeblikke, som de senere vil huske deres fødselsdage for, netop er dem, hvor mor og far har tid, og ikke blot ser ned i hver deres telefon.

TÆND FOR DIN BEVIDSTHED

- Start med at overveje om du, ligesom mange andre, har en vane med at dele meget af dit liv på sociale medier, og om det har betydning for den måde, du oplever nuet på. Bidrager de forskellige billeder og videoer med noget værdi, når du bladrer dem igennem efterfølgende? Eller ser du aldrig de billeder, som du (måske) har så travlt med at tage?

- Overvej om du, ligesom jeg, husker en ferie gennem dine billeder, og om billederne er "ægte". Spørg dig selv om du primært tager billeder, der skal vise, hvor fantastisk det hele (kunne) se ud på Bali (fra den rette vinkel), så du kan lægge dem op på Instagram? Hvis dette er tilfældet, kunne du så få noget mere værdifuldt ud af feriebilleder, hvis du kun tog dem for din egen skyld? Du kan endda spørge dig selv, om du vil få mere ud af dine ferier og din hverdag, hvis du ikke havde travlt med at tage billeder og videoer af nuet. Det samme kan du overveje i forhold til cafebesøg med vennerne, familieaftner, kollegaarrangementer, børnefødselsdage osv. Er du nok til stede i nuet med de mennesker, der er fysisk til stede i disse sammenhænge, eller har du mere travlt med at tage billeder og videoer, som du kan dele med alle andre?

- Hvis du har børn, som du ugentligt eller måske dagligt tager billeder af for at poste dem på sociale medier, kan du spørge dig selv, hvordan det mon påvirker dem at stille op til disse billeder. Har du på et tidspunkt bedt dem om at smile stort, når du tager billeder, og gør de det nu per automatik? Tager du somme tider billeder uden at bede dem om at smile, og hvordan afspejler disse billeder virkeligheden? Er der forskel, og hvilke billeder kan du bedst lide? Hvilke billeder synes dine børn bedst om?

- Overvej for hvis skyld du tager billeder, hvilket formål det tjener, og på hvilken bekostning det sker. Er der nogle vigtige ting, som du misser, fordi du ser ind i en skærm? Og hvad kommer dine børn til at tænke om, at der bliver taget mange billeder i deres hverdag og af dem?

KAPITEL 4

I BESTRÆBELSEN PÅ AT FÅ LIKES PÅ VORES PERFEKTE ISCENESÆTTELSE ONLINE, FÅR VI SVÆRERE VED AT 'LIKE' OS SELV, FOR DEM VI ER

Emma betragtede sit spejlbillede søndag formiddag, efter at hun dovent havde rejst sig fra sengen. Som en konsekvens af at have brugt de sidste 22 minutter på at scrolle gennem Instagram, kunne hun ikke lade være med at sammenligne sig selv med et par af de modeller, som hun fulgte, og en tanke havde sat sig fast: Hvordan kan man se så godt ud? Hun blev fyldt af en trist følelse, da hun så sit fedtede hår og randerne under øjnene. Hendes tarvelige søndagsudstråling stod i skrigende kontrast til deres perfekte skønhed!

Tankerne begyndte at køre rundt: Mine øjne er så små i forhold til hendes, og min mave er – langt fra hendes, hvor alt buer indad i de smukkeste kurver. Hendes navle skinner i lyset fra kameraets skær! Alt på hende ser decideret perfekt ud – håret, der bevæger sig i de blødeste bølger, de store brune øjne, den lille fine næse, de rosenrøde fyldige læber, den slanke hals ... Både bryst og numse ser tilsvarende ud til at have den rigtige størrelse på perfekthedskurven, hvor jeg bare følger min egen kurve ...

Før hun vidste af det, var hendes telefon tilbage i hendes hånd, og hun kunne ikke få en eneste positiv kompliment ud af ærmet, der rettede sig mod hendes egne skønheder, da hun scrollede fortabt ned over modellens Instagram profil. Det er simpelthen ikke godt for mig, jeg bliver nødt til at stoppe med at være så meget på Instagram, tænkte hun og kastede telefonen i sengen. 32 minutter senere var hun på mystisk vis logget på igen, og hendes tanker kredsede om det samme: Jeg vil fandme også se sådan ud!

I takt med at vores daglige brug af sociale medier er steget, er der over de seneste ti år kommet et langt større fokus på, hvordan det påvirker os. Nogle undersøgelser fokuserer på, hvordan det har ændret vilkårene for kontakten mellem mennesker, blandt andet i forhold til nærvær, afhængigheden af vores telefoner, vores sprogbrug og mobning på sociale medier osv. Men dykker man ned i forskningen, kan man se, at der over det seneste årti har været en stigende interesse for, hvordan sociale medier påvirker unges (og især unge kvinders) kropsopfattelse[11]. Alle brugere af sociale medier er selvfølgelig i risiko for at blive påvirket i denne sammenhæng, men særligt har den unge aldersgruppe 18-35 år fået plads i rampelyset, fordi det er dem, der bruger sociale medier allermest, og de på nogle punkter er mere sårbare over for sociale mediers fokus på den ideelle krop. Pointen er her, at unge har sværere ved at påminde sig selv om, at selvom alle veninderne ser perfekte ud på Instagram, så er det faktisk ikke *meningen* (eller *muligt* for den sags skyld), at man skal bestræbe sig på at se så perfekt ud. På trods af at det er unge, der særligt har svært ved dette, så er det et grundvilkår for mennesker, at vi sammenligner os, hvormed der også er mange ældre, der kan have svært ved at minde sig selv om, at de er gode nok, som de er.

Det har altid været svært at være ung, og det er der mange gode grunde til. Én af dem er, at puberteten igangsætter et utal af forandringer i vores hjerne, så vi faktisk ikke er rustet til at klare de udfordringer, som miljøet stiller os overfor![12] Derudover er vores frontalhjernelapper (den forreste del af hjernen lige bag panden) ikke fuldt udviklet i ungdommen, men bliver det først op gennem tyverne. Dette er lidt uhensigtsmæssigt, da det ellers er den del af hjernen, der er med til at gøre det lettere for os at tackle nye situationer og blandt andet hæmme impulsivitet og irrationalitet. Derfor er unges beslutningsprocesser, i højere grad end voksnes, præget af impulsivitet og en mangel på fornuft. Dét (og rigtig meget andet) påvirker i nogen grad unge til at være styret af deres følelser, og kan også forklare, hvorfor de er i stand til at svæve rundt i en lykkerus højt oppe i luften, men også meget hurtigt kan give anledning til, at de lander på jorden igen ... på knæene. Sagt med andre ord: Der skal ikke særlig meget til at begejstre, men der skal derimod heller ikke alverden til at vælte dem.

Samtidig er en af de største udfordringer i ungdommen at finde ud af, hvem man egentlig er, alt imens ens venners holdninger og accept kommer til at spille en vigtig rolle i denne opdagelse. Derfor kan det være svært at gå sin egen vej, fordi det oftest giver en større social accept, hvis man følger strømmen.

'LIKES ER MED TIL AT GØRE SOCIALE MEDIER TIL EN PLATFORM FOR SOCIAL SAMMENLIG- NING, OG NETOP FORDI UNGE I LANGT HØJERE GRAD MÅLER SIG SELV UD FRA DERES VENNERS SYN PÅ DEM, ER DETTE EN MOTIVATIONSFAKTOR FOR ENDNU MERE SAMMENLIGNING'

Det har altid været svært som ung, fordi det er vildthamrende forvirrende at finde ud af, hvem man er. Som jeg var inde på i kapitel et, har rammerne dog ændret sig i løbet af de seneste årtier, og det gør også, at unge i dag skal forholde sig til et andet og mere udfordrende miljø, end førhen. Hvordan er det at være ung i dag, hvor vi ikke alene skal forholde os til det nærliggende miljø, men faktisk har mulighed for at spejle os i hele verden på de sociale medier og internettet generelt? Hvad sker der på vej til voksenlivet i tyverne, hvor vi skal have gang i karrieren, have styr på kærlighedslivet, sideløbende med en voksende drøm om familiekonstellationen – alt imens vennernes formåen og præstationer bliver smidt direkte i hovedet på os, når vi scroller ned over Facebook, tjekker Snapchat eller besøger dem, vi følger på Instagram?

LIKES - EN MÅLESTOK FOR SELVÆRD

På sociale medier kører der en konstant idealiseret fortælling om, hvor *perfekt* man skal se ud og hvor *godt* man skal klare sig rent socialt. Ikke nok med, at man selv kan måle sit værd ud fra likes og følgere, så kan alle andre også se denne sociale anerkendelse, som fremhæver ens status. Instagram er faktisk blevet klar over det problematiske i denne iagttagelse og lavede et forsøg i 2019, hvor de gjorde antallet af likes til et billede usynligt for brugerne i flere lande[13]. Dog kunne man stadig se antallet af likes, hvis man trykkede på, hvilke "andre" der havde liket det. Siden hen har de taget næste skridt, da de i maj 2021 lancerede et nyt tiltag, der skulle gøre det muligt for brugerne *selv* at skjule antallet af likes helt på deres egne billeder på Instagram og Facebook[14]. Dette kan være med til at mindske det enorme fokus, der er på likes, når unge bevæger sig rundt på sociale medier, men omvendt kritiseres tiltaget også for at være mangelfuldt. Forskere pointerer, at det er en ulempe at lægge ansvaret over på den enkelte bruger at forholde sig til; "hvad der virker for dem", fordi mange unge i forvejen har det svært på sociale medier. Desuden vil jeg argumentere for, at Instagram ikke ændrer roden til problemet, fordi likes stadig vil være en eftertragtet målestok på brugernes opslag. I og med at nogle brugere vil fjerne deres antal af likes, mens andre ikke vil, kan jeg også frygte, at der bliver skabt en uhensigtsmæssig polarisering af to grupper, hvoraf den ene ikke har et problem med likes, mens den anden gruppe består af dem, der forholder sig til, at det måske har en negativ indvirkning på dem. For hvilken holdning er så den mest legitime?

Uanset hvad, kan tiltaget ses som et udtryk for, at Instagram anerkender, at det er problematisk at sammenligne sine egne likes med andres, og at der er kommet yderligere fokus på dette, og det er vigtigt.

'ET MERE USYNLIGT PROBLEM VED SOCIALE MEDIER, ER FOR MIG AT SE, BLANDT ANDET DENNE IAGTTAGELSE AF, AT ANDRE HAR DET SJOVERE OG BEDRE, OG ER MERE VÆRD END EN SELV'

Likes er med til at gøre sociale medier til en platform for social sammenligning, og netop fordi unge i langt højere grad måler sig selv ud fra deres venners syn på dem, er dette en motivationsfaktor for endnu mere sammenligning: *Hvor mange likes fik min veninde for hendes nye profilbillede i forhold til mit? Hvor mange abonnenter har jeg fået i dag på min Youtube-konto? Hvor mange likes fik min nyeste YouTube-video, og hvor mange følgere har ham den lække på Instagram?* Sociale medier er blevet en stor del af unges liv, og det kan næsten ikke undgås at de, i mere eller mindre grad, bliver påvirket heraf.

Forskellen på det sociale miljø, unge voksede op i før sociale medier, og det miljø, som unge udvikler sig i nu, er blandt andet det enorme skift i dette størrelsesomfang. Sociale medier er virale netværk, der rent faktisk kan sætte os i forbindelse med hele verden og som ikke er begrænset af en fysisk geografi. Sociale medier er ligeledes en farlig legeplads, fordi de ikke er særlig rundhåndede med nye chancer. Hvis man f.eks. først har sendt et nøgenbillede og det er blevet delt, så kan det aldrig gøres om.

Burde der ikke netop være rigeligt af ekstra chancer i ungdommen, når ens hjerne simpelthen ikke evner at medtænke langsigtede konsekvenser af diverse handlinger? Det er ikke tæt på tilfældet på sociale medier, hvor digital stigmatisering gør det temmelig svært at få en chance til, og det kan sætte nogle voldsomme spor i unges selvværd. Eksempelvis har det aldrig været sjovt at blive holdt udenfor i den fysiske virkelighed henne i skolen. Men at eksklusionen, for nogle, bliver vedligeholdt, når man kommer hjem og logger på dét, der ellers skulle være "sociale" medier, er en alvorlig forværring af ungdommens vilkår i dag. Nogle unge oplever, at der decideret bliver skabt "hadegrupper" på Facebook, hvorigennem mobningen foregår. Andre får private beskeder fra bekendte eller fremmede, som truer dem. Dette er de alvorlige tilfælde, hvor børn oplever mobning, og heldigvis arbejdes der på lovgivning, der har til formål at beskytte børn mod krænkende adfærd på sociale medier, så der bliver konsekvenser af ens adfærd herpå[15]. Målet med lovforslaget er at sætte tydeligere retningslinjer for, hvornår indhold på sociale medier er ulovligt, krænkende eller skadeligt. Man ønsker med lovforslaget derfor, at sociale medier skal monitorere, anmelde og fjerne visse typer af ulovligt indhold, der offentliggøres på mediernes platforme. Hertil er det også et ønske at indføre en klagemulighed via NemID, hvor brugere kan klage over ulovligt indhold.

Mobning er det mest alvorlige tilfælde af social eksklusion, men der kan også ske en mildere form for social eksklusion, som langt størstedelen af os kan nikke genkendende til. Når vi oplever at føle os ekskluderet fra det sociale fællesskab, kan dette blandt andet foregå ved, at man aldrig får likes og derfor kan stå på sidelinjen og iagttage alt det sociale, der foregår lige for næsen af en, uden selv at være en del af det. Denne eksklusion kan være ekstra hård at opleve som barn eller ung, fordi det sociale betyder så meget i denne alder. Desuden sidder mange børn og unge alene derhjemme med deres skærm, når de bruger sociale medier, og denne ramme kan i sig selv forstærke følelsen af ensomhed og isolation.

'AT VI SAMMENLIGNER OS SELV MED ANDRE PÅ SOCIALE MEDIER, SOM F.EKS. PÅ INSTAGRAM, KAN BLIVE ET PROBLEM, NÅR DET LANGT FRA ER STØRSTEDELEN AF OS, DER ER EN TRO KOPI AF VORES SANDE JEG I DETTE FORUM'

Som psykolog bliver jeg bekymret over de rammer, som sociale medier skaber for unge i dag. Mobning har altid været alvorlig, men det er sværere for voksne at opdage mobning på nettet i dag, og derfor ligger der et stort ansvar hos ofrene for mobningen. De unge skal selv turde sige det til en voksen, selvom mobningen kan være forbundet med skam, som gør at det kan være ekstremt svært at række ud efter hjælp. Desuden fortæller mobning også en hel del om dem, der udøver den – og de har også brug for hjælp. Hvis der er noget, jeg er blevet særdeles opmærksom på som psykolog, er det at menneskers adfærd afspejler, hvordan de har det indeni. Derfor er det yderst sjældent, at det vi siger og gør, *ikke* er et spejl af vores indre. Når man mobber andre, handler det som regel om misundelse, jalousi eller mindreværd. Derfor føler jeg altid en sympati for dem, der mobber, fordi deres adfærd er et tydeligt råb om hjælp, når man læser bag om adfærden.

Uanset om man står på den ene eller den anden side af mobningen, så kræver rammerne på sociale medier, at vi er ekstra opmærksomme på at komme det til livs.

Et mere usynligt problem ved sociale medier, er for mig at se, blandt andet en iagttagelse af, at andre har det sjovere og bedre, og er mere værd end os. Det er selvfølgelig ikke os alle, der oplever denne problematik, fordi mennesker er meget forskellige, og nogle sammenligner sig mere med vores omgangskreds, end andre gør. Vi er jo alle forskellige, og vores omkringliggende miljø har også rigtig meget at sige i forhold til, hvor meget støtte vi henter fra vores familie og venner. Er man f.eks. vokset op i et trygt hjem med masser af støtte og har et højt selvværd, hænger det ofte sammen med en større modstandsdygtighed hos os, som vil være en hjælp til ikke at lide for meget under social sammenligning på sociale medier. Dog har mennesket altid sammenlignet sig med andre, så der er ikke nogen, der helt kan se sig fri fra denne aktivitet. Særligt unge sammenligner sig med deres venner, da det er en helt naturlig del af denne udviklingsperiode, men det foregår som sagt også, når man ikke længere er ung.

At vi sammenligner os selv med andre på sociale medier, som f.eks. på Instagram, kan blive et problem, når det langt fra er størstedelen af os, der er en tro kopi af vores sande jeg i dette forum. Når unge sammenligner sig med deres netværk på sociale medier er der en øget sandsynlighed for, at det er glansbilledet af, hvordan samtlige unge gerne *vil* se ud, fordi størstedelen af unge i dag redigerer deres billeder. Det er ikke alle, der udnytter alle "effekterne", men det er faktisk muligt at forstørre sine øjne og læber, og ligeledes fremhæve og skjule diverse detaljer, alt efter hvad man er stolt af og hvad man gerne ville være foruden.

Det er jo i sig selv forståeligt nok, at når man kan udglatte sine urenheder og stille sig selv i et bedre lys, så fristes vi til at gøre det. Det har mennesket altid gjort, så det er ikke noget nyt. Dét, at vi fremstiller os selv på den bedst tænkelige måde på sociale medier ville nok heller ikke være noget problem, hvis det kun var en gang imellem. Men det er det langt fra.

Nyhedsfaktoren er derimod, at sociale medier har givet os en ny arena, hvor vi på ganske få år har fået en ny pandemi af filtrerede selfies. Hvor vi førhen stillede op til det store fætter-kusine-familiebillede eller portrætbilledet med vores søskende – fordi mor og far *udelukkende* ønskede sig dét billede til deres Kobberbryllup – så skal vi i dag (mildt sagt) "se pæn ud" på *alle* billeder.

Det kan vi måske godt "administrere", og muligvis er vi mange, der slet ikke lader os påvirke af det. I hvert fald ikke, hvis vi selv skal sige det – men dette kan også være vores umiddelbare svar, fordi rigtig mange af os ikke går rundt og skænker det så meget som en tanke. Dette afhænger i høj grad nok af vores alder. I ungdommen, hvor spejlingen i vores jævnaldrende fylder rigtig meget, kan det hurtigt blive problematisk.

Som udgangspunkt kan unge godt forstå, at venindens perfekte billede er ét ud af 200, som det tog hende en time om at tage, mens de 199 andre billeder er knap så perfekte. De kan også godt se, at ingen er så perfekte i virkeligheden. Men som vi har været inde på er hjernen først færdig med at udvikle sig i slutningen af tyverne, og derfor måler unge sig ofte i højere grad med dette ene perfekte billede, end voksne umiddelbart vil gøre. Når de scroller ned over startsiden, er der en ret lav sandsynlighed for, at de når at tænke: *Hov, det var godt nok et flot billede af Emilie, og Niels, og Ida, og Maja, og... Men rolig nu! Det er jo ikke virkeligheden – heldigvis ligner de mig og er mindst lige så fyldt med fejl i deres egne øjne. Inderst inde er vi alle bare mennesker med masser af fejl.* Det er langt mere sandsynligt, at de tænker: *Hold da op, hun er lækker! Hun har de smukkeste øjne ... Åh, Idas billede har fået 71 kommentarer! Wauw. Og Maja har fået sygt mange likes! Århggh!* Nogle af dem vil måske tænke, at de ikke selv ser lige så godt ud, mens andre slet ikke når at registrere, at de faktisk tænkte dette, men måske bare bliver lidt småirriterede den næste halve time. En helt tredje gruppe tænker måske, at de selv er meget flottere. Sådan kan vi nemlig også passe på os selv – ubevidst eller bevidst – og nogle af os er bedre til det end andre.

"DE FLESTE AF OS VED GODT, AT SAMMENLIGNINGSGRUNDLAGET ER ET GLANSBILLEDE, MEN HUSKER VI AT MINDE OS SELV OM DET, NÅR VI SER EN FLOT VEN PÅ INSTAGRAM, ET BILLEDE AF EN PERFEKT FERIE PÅ FACEBOOK ELLER ET OPSLAG OM EN SUCCESFULD KOLLEGA PÅ LINKEDIN?"

Det vil være fint at italesætte denne perfekte selviscenesættelse lidt oftere, så vores autopilot ikke blot tager det ene perfekte billede ufiltreret ind og overfører det til selvkritik. Det ville f.eks. ikke gøre noget, hvis der poppede en besked op på vej ind på sociale medier med budskabet: *Sikkerhedsmeddelelse: Vi gør jer opmærksomme på, at samtlige opslag og billeder er blevet nøje udvalgt og/eller redigeret. Indholdet på denne side må derfor ikke forveksles med virkeligheden – så du kan lige vove at sammenligne dig med det du ser!* Det ville da give lidt stof til eftertanke, ikke?

I foråret 2020 lavede Dansk Journalistforbund dog 13 retningslinjer, som skulle hjælpe bloggere og influencere med at udvise større gennemsigtighed, når de poster redigerede billeder[16]. En af de retningslinjer er, at influenceren skal gøre opmærksom på retoucherede billeder, som ændrer proportionerne på deres kroppe, hvis de har mange følgere under 24 år. Disse retningslinjer er udsprunget af et øget fokus på at passe på børn og unge på sociale medier, men eftersom der ikke er en reel lovgivning på området, er det op til den enkelte influencer, hvorvidt de vil overholde retningslinjerne, og der er ingen konsekvenser ved ikke at overholde dem.

Selvom influencere og kendte mennesker påvirker børn og unge på sociale medier, er det værd at nævne, at de fleste unge er optaget af, hvad deres venner laver på sociale medier, og derfor er det særligt dette sammenligningsgrundlag, som de bliver påvirket af. Undersøgelser har nemlig vist, at unge især sammenligner sig med andre, som "ligner" dem selv, og dette er en vigtig detalje ved unges brug af sociale medier, når man kigger på, hvem de bliver påvirket af[17]. Derfor er det fint, at der er blevet lavet retningslinjer for influencere og bloggere, men der bør også være et skærpet fokus på det mere gennemsnitlige sammenligningsgrundlag, som størstedelen af os dagligt bliver eksponeret for. De fleste af os ved godt, at sammenligningsgrundlaget er et glansbillede, men husker vi at minde os selv om det, når vi ser en flot ven på Instagram, et billede af en perfekt ferie på Facebook eller et opslag om en succesfuld kollega på LinkedIn? På sociale medier er det typisk et konstant idealiseret sammenligningsgrundlag, som vi bliver mødt af mange gange i løbet af en dag, hvilket kan besværliggøre personlig udvikling, der stræber efter indre autenticitet. Mange bruger jo ikke sociale medier som et interessant nyhedsmedie eller et socialt forum, som man bare lige kan logge på to gange i ugen – sociale medier er nærmere blevet en indgroet del af vores liv.

Når vi dagligt scroller hen over billeder på Instagram, der viser vores venners og kendtes mest favorable sider, og som det har taget dem en evighed at "skabe" – hvorfor skulle vi så lægge et helt naturligt billede op af os selv? Hvordan skal vi, i første omgang, samle mod nok til os, for at *turde* at lægge et naturligt billede op af os selv?

En detalje ved ungdommen, som de fleste ikke kommer uden om, er at man har bumser. Disse bliver ofte kamufleret på billeder på sociale medier, og derfor er det mest dominerende sammenligningsgrundlag; "en glat og skinnende hud". Så hvis de unge skal have likes på deres billeder, skal de leve op til dette sammenligningsgrundlag. Og måske kan vi endda lave en direkte parallel til de nybagte mødre, der stolt poster billeder af deres små babyer – her bliver vi også påvirket af det sammenligningsgrundlag, som møder os i vores netværk. Her er det bestemt ikke en undtagelse, at vi tænker over, hvordan vi skal positionere vores billeder, hvilket image vi gerne vil skabe, og hvilke billeder vi i hvert fald *ikke* poster. Det vil kræve en hel del bevisthed at undlade at tænke over vores selviscenesættelse på sociale medier, og det er forståeligt nok.

De fleste af os tænker over, hvad vi poster på sociale medier, og hvad vi ikke poster. De fleste af os tænker over desuden over eller registrerer ubevidst, hvor mange likes vi får. Om ikke andet, lægger vi i hvert fald mærke til det, hvis ikke vi får ret mange.

'DET PROBLEMATISKE VILLE VÆRE, HVIS VI BEGYNDER AT GLEMME DEN VIRKELIGE ANER-KENDELSE TIL FORDEL FOR LIKES PÅ SOCIALE MEDIER, FOR DEN SLAGS ANERKENDELSE ER OG BLIVER MANGELFULD'

Likes. Det er næsten, som om sammensætningen af de fem bogstaver har hjernevasket en hel generation. Selvom mange af os ikke vil stå ved det, så går vi rent faktisk op i hvor mange likes, der tikker ind. Online er det vel blevet det mest kendte og eftertragtelige sprog, og vi måler og vejer os selv ud fra det. Hos nogle ubevidst, hos andre bevidst.

Det er okay at vi bedømmer vores online profil ud fra det, men vi skal huske, at vi ikke må måle os selv som mennesker. Det problematiske i mine øjne er, at det jo netop er det, vi så let kan komme til at gøre på sociale medier. Uanset alder er det netop dér, at mange af os kan falde i en fælde, fordi vi indimellem glemmer at minde os selv om, at vores venner ikke "synes bedre om" vores andre venners bedrifter på LinkedIn, deres udseende eller deres nyindrettede børneværelse med jordfarver alle vegne og det smukkeste gulvtæppe fra KongensSløjd – bare fordi de har fået flere likes end vi har. For er det ikke *lige* netop det, vi får ud af tolkningen af likes? De giver en indikation af, hvad vi synes om og hvad vi synes mindre godt om, og derfor kan de risikere at fortælle os, at de andre er lidt sejere end os.

EN TILFREDSSTILLENDE TOMMELFINGER

Forskellen på sociale medier og virkeligheden er, at vi konstant bliver konfronteret med, hvorvidt folk "liker" os eller ej. Smag lige på den sætning. *Gud,* hvor må det i grunden være belastende! Sådan gør vi da ikke udenfor sociale medier – hvem kan holde til det, og hvem skulle det gavne? Forestil dig, hvis vi var lige så ivrige efter at få bekræftelse og likes i virkeligheden, som vi er på sociale medier. I så fald, ville vi alle få fnidder af de mennesker vi omgås, fordi vi skulle anerkende dem for alt, hvad de foretog sig.

På den anden side er det noget sludder at forestille sig et liv uden anerkendelse fra andre mennesker, fordi mennesker kan ikke leve uden, og vi jagter den sågar, fordi vi har brug for den som en nærende ven. Det har vi altid haft, også inden sociale medier fik sit indtog. Anerkendelse fås dog i mange former, og en lille blå tommelfinger er, i mine øjne, en mangelfuld form for anerkendelse. Vi jagter anerkendelse på en anden måde i virkeligheden, og vi modtager den også i en anden form. Måske er det netop dét, der er nøglen til forskellen. På sociale medier får vi et like, men offline får vi måske et smil, et kram, et par ord eller måske alle variationer på samme tid. Det problematiske ville være, hvis vi begynder at glemme den virkelige anerkendelse til fordel for likes på sociale medier, for den slags anerkendelse er og bliver mangelfuld.

'ET LIKE ER TILSYNELADENDE NÆRMERE EN NØDVENDIGHED, END DET ER EN KOMPLIMENT, OG DERFOR RAMMER DET MÅSKE HÅRDERE, NÅR LIKET UDEBLIVER, END DET GLÆDER OS, NÅR LIKET TIKKER IND'

Den mængde af anerkendelse, vi får i virkeligheden, kan slet ikke måle sig med den, som vi får på sociale medier. På sociale medier får vi anerkendelse i overflod i form af likes – medmindre vi blot observerer andre få den, og selv bliver påmindet om, at vi *ikke* får den. Denne overflod kan lade sig gøre, fordi der er langt flere til at give et like eller en kommentar, end der er udenfor sociale medier.

Jeg bliver nogle gange forundret over at se, hvor mange af mine Facebook-venner, der inden for de første par minutter har liket det, hvis en eller anden har fået et nyt profilbillede. De har altså registreret denne ændring og reageret på den.

Det giver jo god mening, at vi har et stort netværk (som muligvis aldrig logger af sociale medier), så der er en god sandsynlighed for, at der er nogle af dem, der sidder klar til at reagere med det samme, vi laver en virtuel bevægelse. Inkluderet i vores Facebook-venner er jo både familiemedlemmer, gamle venner, nye venner, kollegaer, nye såvel som gamle, venners venner, bekendte langt ude, folk vi deler interesser med, og andre vi bare har mødt ved en tilfældighed. Allerede her er vi oppe på ret mange mennesker, hvilket altså øger sandsynligheden for likes og kommentarer, fordi der bare er så ufatteligt mange. Der er altså flere mennesker på sociale medier, som har mulighed for at give os anerkendelse, i modsætning til hvor få mennesker, vi rent faktisk møder udenfor skærmen i hverdagen. Det kræver ikke en doktorgrad i logisk tænkning at komme frem til den konklusion.

Men det interessante i mine øjne er, hvad det *gør* ved os, at det er blevet sådan en selvfølge, at vi forventer likes. Et like er tilsyneladende nærmere en nødvendighed, end det er en kompliment, og derfor rammer det måske hårdere, når liket udebliver, end det glæder os, når liket tikker ind. Og er der overhovedet et indhold i al denne anerkendelse, som vi får gennem små figurer af hjerter, tommelfingre eller vildt begejstrerede emojis?

"VI ER VED AT MISTE NOGET RET ESSENTIELT FOR MENNESKERS PSYKOLOGISKE VELBEFINDENDE. NEMLIG AT BLIVE ANERKENDT FOR AT VÆRE SOM VI ER. AT BLIVE ANERKENDT BLOT FOR AT *VÆRE* I MODSÆTNING TIL AT *GØRE* HELE TIDEN"

Vores jagt efter anerkendelse må forventes at have nået et meget intensivt niveau på sociale medier, som vi uden tvivl tager med os ud i virkeligheden, og kan det være helt sundt, at vi er blevet så besatte af at få likes, specielt udenfor skærmen? På en måde afspejler denne tendens vores samfund lige p.t., hvor der i høj grad er et fravær af anerkendelse bare for at være, som vi er. I stedet forventer vi at blive set og hørt, hver gang vi gør noget, uanset om vores bedrift er bemærkelsesværdig eller ej. Vi har jo efterhånden lært, at folk liker alt fra opslag om, hvad lille Asger fik til morgenmad, til hvad vores app kan fortælle om vores løbepræstationer. Et sted hen ad vejen tror jeg, at vi begyndte at glemme at løbe for vores egen skyld. Det problematiske ved denne antagelse – hvis den vel at mærke er korrekt – er, at vi er ved at miste noget ret essentielt for menneskers psykologiske velbefindende. Nemlig at blive anerkendt for at være som vi er. At blive anerkendt blot for at *være* i modsætning til at *gøre* hele tiden.

Mennesker har ikke forandret sig på dette punkt, vi har altid søgt anerkendelse, og det er helt naturligt for os. Sociale medier har blot udvidet spillereglerne. Man kan spørge sig selv, om vi måske er ved at være ude, hvor vi ikke længere kan bunde; vi kan ikke selv sige stop, når sociale medier frister os til at jagte den lille blå tommelfinger eller hjerter, og jeg er bange for, at det har visse konsekvenser for vores livskvalitet i form af pludselig ikke at have nok i bare at være, som vi er. Sociale medier er nemlig en modpol til dette iboende behov for blot at blive bekræftet i at være gode nok, som vi er. Dette medfører, at vi bliver anerkendt for alle de "forkerte" egenskaber, såsom overfladiske præstationer på diverse områder, f.eks. at *Eva får et like, fordi hun er supermor, der bager butternut-squash-pandekager, mens hun samtidig flasher, at hun har genforenet sit maveskind med sin sexede sixpack-muskulatur, kun fire mdr. efter hun har født barn nummer to.*

Der er ikke noget galt med at være glad for at bage og træne, men det kan være et problem at være blevet afhængig af at få likes for disse præstationer. For på den lange bane er det ikke disse præstationer, der skal højne Evas selvværd. Det er i højere grad indre værdier, såsom at hun er en kærlig og omsorgsfuld mor og kone, der får enormt meget kærlighed igen fra hendes to små guldklumper og hendes mand, der dagligt fortæller hende, hvor meget de sætter pris på hende. Når alt kommer til alt, er det ikke de utallige likes, vi får på sociale medier, der skal bære os igennem livet. Det skal jeg selvfølgelig ikke gøre mig til dommer over, men jeg mener ikke at det vil gøre os mere lykkelige. Det kan måske – kortvarigt – dække over et fravær af anerkendelse og oprigtig kærlighed fra mennesker i virkeligheden. Men på sigt er det min psykologfaglige vurdering, at vi har mest brug for den anerkendelse, som vi indsamler i virkeligheden, ansigt til ansigt mellem mennesker.

"MÅSKE GØR SOCIALE MEDIER OS MERE GLADE, FORDI VI LETTERE FÅR ET INDTRYK AF, AT 'ALLE' KAN LIDE OS. MEN OMVENDT GØR DET OS MÅSKE OGSÅ MERE KEDE AF DET, FORDI VI HAR MULIGHED FOR AT REGISTRERE, AT DER IKKE ER 'NOK', DER KAN LIDE OS"

Jeg kan godt forstå, hvis man især som ung bliver snydt til at tro, at de likes, man får på sociale medier, er ganske tilfredsstillende. Det smarte ved udviklingen af de her likes er netop, at de føles mangelfulde, og det gør at vi fortsætter med at jagte dem. Vi vil have flere! Ét er ikke nok – det var det måske til at begynde med – men ikke, når vi først har prøvet at få to.

Det er relevant at overveje, hvor vi står om flere år som en konsekvens af denne kortsigtede tilfredsstillelse af vores anerkendelsesbehov.

Det er helt naturligt, at især unge gerne vil have hele verden til at like deres billede; så mange som muligt, tak! Men det er bare ikke muligt at få ubetinget overfladisk anerkendelse fra hele verden, og ergo kan det tegne sig til at blive et problem, at dette bliver en bestræbelse i sig selv. Det er relevant at spørge os selv, om vi oprigtig talt bliver glade for folks virtuelle likes, når vi godt ved, at de måske ikke ville have udtrykt denne anerkendelse i virkeligheden? Og vil denne opdagelse gøre os mere ulykkelige, når vi finder ud af, at vi rent faktisk mangler en hel del anerkendelse i virkeligheden, men at den virtuelle anerkendelse har holdt os hen og kamufleret denne mangel? Man kan også overveje, om vi på sigt glemmer at søge anerkendelse indefra, og hvad gør det ved os som mennesker?

ET VOKSENDE ANSVAR

Måske gør sociale medier os mere glade, fordi vi lettere får et indtryk af, at "alle" kan lide os. Men omvendt gør det os måske også mere kede af det, fordi vi har mulighed for at registrere, at der ikke er "nok", der kan lide os. Vi har mulighed for at måle og sammenligne os med andre, og måske er det ikke blot en mulighed – vi er nærmere dømt til at sammenligne os med andre på sociale medier, for sådan er sociale medier skabt. Vi kan se, hvor mange likes vi fik i går i forhold til i dag, hvor mange likes vi fik i forhold til vores veninde, eller hvor få kommentarer vi fik på vores fødselsdag i forhold til vores ven. Dette er en faktor, der gør os mere sårbare i dag.

Når snakken nu falder på emnet fødselsdag, vil jeg også

indskyde, at et helt forfærdeligt scenarium for en ung ville være, at vedkommende ved en fejl var kommet til at slette sine fødselsdagsoplysninger. For gæt, hvad der så sker? Så er der faktisk en risiko for, at ingen skriver tillykke til én, da det er de færreste af os, der går og husker på vores venners fødselsdag. Jeg prøvede det på min 23-års fødselsdag, hvor min mand (der ligesom mange andre også er lidt ængstelig for at gå glip af noget) lige ville tjekke, hvor mange, der havde skrevet noget sødt på min væg. Han kunne så konstatere, at ingen havde skrevet. Selvom jeg ved et uheld havde slettet oplysningerne et halvt år forinden og godt vidste, at det ikke betød, at mine nærmeste veninder ikke kunne lide mig, gjorde det mig alligevel lidt trist, at der ikke var én eneste af dem, der havde ulejliget sig med at notere min vigtige dag i deres kalender, ligesom jeg har med deres. Jeg foretrækker personligt et opkald eller en besked, men det var den første fødselsdag, hvor det udelukkende var min trofaste familie, der lykønskede mig. Siden da har jeg faktisk ikke skrevet mine venners fødselsdag i min kalender, fordi jeg har tænkt, at det også bare kan være lige meget så... Man er vel bare et barn inderst inde.

Forestil dig at være teenager, og at alle ens venner ikke blev mindet om ens fødselsdag af Facebooks eller Snapchats system? At det i sig selv kræver en virtuel platform at huske vennernes fødselsdag, er en falliterklæring, men jeg accepterer, at mange af os har for travlt, og vi regner med den sædvanlige påmindelse. Jeg ved desuden også godt, at jeg er gammeldags! Der er ikke mange, der skriver fødselsdage i kalenderen længere, som min mormor altid gjorde i kombination med det lille klistermærke af et dannebrogsflag. Jeg vil dog gerne gøre det igen, fordi jeg faktisk gerne vil huske at ønske dem tillykke på denne dag. Eftersom jeg ikke logger på Facebook hver dag, misser jeg ofte en fødselsdag.

Men dét er kernen, er det ikke? For de fleste går der ikke én dag, hvor man glemmer at logge på Facebook, så derfor behøver man ikke at ulejlige sig med at notere fødselsdage. For langt de fleste forløber der dermed ikke en dag, hvor vi ikke er på sociale medier. Af samme grund går der ikke en dag, hvor vi får en pause fra dette mekka af social sammenligning, spejlbilledet af det perfekte image og jagten på likes, hvor vi glemmer at anerkende den naturlige fremstilling af os selv og hinanden.

Disse ubevidste krav om at fremstille os selv på en bestemt måde, påvirker vores tanker om os selv. Derfor tvivler jeg på, at det højner unges livskvalitet at se, at deres profilbillede ikke er lige så flot som venindens, der styrer for vildt med likes fra alle de fyre, der bare lige har glemt at like deres profilbillede. For når jeg, der trods alt er et godt stykke oppe i tyverne, stadig kan blive en anelse selvkritisk, når jeg sammenligner mit billede med en bekendt topmodels, hvordan påvirker sammenligningen så den yngre målgruppe?

Unge har brug for at blive skarpe til at iagttage, hvis de kommer til at tænke noget negativt om sig selv, når de er på sociale medier, for i stedet at kunne begynde at passe på sig selv. Kristin Neff er en amerikansk psykolog, der er meget anerkendt for sin teori om *selvmedfølelse,* og den kan være brugbar her[18]. En måde at håndtere sociale mediers indvirkning på vores selvværd og kropsopfattelse er at udvise omsorg for os selv i stedet for selvkritik. Ved, at vi i stedet udviser venlighed og forståelse over for os selv, kan vi overkomme nogle af de automatiske tanker, som vi får i forbindelse med at tjekke Instagram såsom: *Hvor er hun bare smuk! Jeg er ikke halv så smuk som hun er!* Efter man er blevet opmærksom på disse selvdestruktive tanker, kan man eksempelvis tænke noget a la dette i stedet: *Jeg kan godt forstå, at jeg gerne vil være lige så smuk som hende. Det er helt naturligt, at jeg kommer til at tænke det. Men billederne er jo bare redigerede billeder af virkeligheden, og ingen er så perfekt. Det er slet ikke meningen, at vi alle skal se perfekte ud. Alle har "skønhedsfejl", som de gerne ville være foruden. Det vil jeg minde mig selv*

om, når jeg får negative tanker af at sammenligne mig selv. Jeg er god nok, som jeg er.
Dette er klart en øvelse, og man lærer det ikke bare lige hen over natten. Der er trods alt mange områder af sociale medier, hvor man kan komme til at sammenligne sig selv med sine venner, og udover ens udseende, kan dette også indbefatte; antallet af Facebookvenner, følgere på Instagram og hvor lang deres streak er på Snapchat. Fænomenet streak kan for nogle børn og unge måske betyde lige så meget på Snapchat, som et like betyder på Facebook. Tallet viser hvor mange dage i streg, man har sendt et snap afsted til den samme ven, indenfor 24 timer, mere end tre dage i træk. Dette tal kan de så sammenligne med deres venners tal, og tallet kan ses lidt som en social score, der fortæller, hvor succesfuld du er på den "sociale scene". Man kan endda også få et gult hjerte, hvis man har en ven, som man skriver mere med end andre.

Det gik op for mig, at streak-tendensen er yderst afhængighedsskabende, da en far fortalte, at familien skulle på ferie på Mallorca, og han gerne ville have, at den skulle være relativt telefon-fri. Denne idé var jo sød musik for mine ører, og der var ingen alarmklokker, der ringede i mit hoved. Men hvordan skulle han håndtere, at hans to døtre ville lide den sociale død, hvis ikke de fik lov til at sende snaps til deres venner? (Der begyndte alarmklokkerne til gengæld at buldre løs!).

Tænk, at vi i samfundet har skabt noget så vanedannende for børn og unge, at de ikke engang kan holde en uges ferie sammen med deres familie? Og at en familiefar ikke sådan lige nødvendigvis kan lægge deres telefoner ned i en kasse og så med tiden få nogle glade piger – de ville jo gå fuldstændigt amok, hvis de blev ekskluderet fra det sociale fællesskab, som ville resultere i, at de ville miste deres online identitet på syv dage!

Jeg har så fundet ud af, at man kan få sine venner til at "passe" ens Snapchat for en, så dette ikke sker – og det er selvfølgelig en mulighed, hvis man gerne vil have en pause eller en ferie fra alt den stress. Men med mine psykologfaglige briller, må jeg indrømme at dette er temmelig ekstremt, og det er noget, man bør tage alvorligt. Børn og unge har ikke bare brug for at lade deres venner passe deres sociale onlineliv. De har rent faktisk brug at kunne tage en pause fra det uden, at de skal bekymre sig for, hvad de går glip af. Og ikke bare når de skal på ferie én gang om året. De har alle brug for en pause noget oftere end dette.

Der er ikke noget som helst galt med børn og unge i dag, men de manglende sunde normer for brug af telefoner og dens mange apps, der er problemet. Derfor ligger der et voksende ansvar hos de voksne, fordi børn og unge har brug for råd og vejledning til at vurdere, hvornår det giver mening at tage en pause fra sociale medier og det ligefrem bliver skadeligt for dem.

Sandsynligheden for, at sociale medier kan opfylde og erstatte menneskers behov for socialt samvær og personlig anerkendelse i det lange løb, er i mine øjne relativ minimal. Jeg siger ikke, at det er entydigt dårligt for os, men hvis sociale medier bliver den virkelighed, som vi opholder os mest i, så er det vigtigt, at vi spørger os selv, om vi *også* får likes nok udenfor sociale medier? Om vi *også* har tid nok til at kigge folk i øjnene? Og om vi *også* får kærlighed, kram og kys udenfor skærmen?

Særligt unge kan være sårbare overfor fravær af anerkendelse, når de ser op fra skærmen, da livet online er blevet så indgroet en del af deres hverdag. Derfor kan de helt glemme, at et like ikke varmer lige så meget, som et kram, når tårerne presser sig på, og alt går imod os. Hvem hjælper, når det er tid til at trække stikket og sige: *Nu er det nok!* De fleste forældre vil virkelig gerne være sammen med deres børn, og mange af dem har evnerne til at sige: *Vi lægger vores telefoner i den her lille kasse i syv dage.* Men selv forældre kan have svært ved at handle på dette, fordi de kan komme helt i tvivl om, hvorvidt det er for meget at forlange, når man tænker på hvor ekskluderet deres børn bliver fra det sociale fællesskab blandt vennerne. Plus at vi som forældre da også kan blive helt i tvivl om, hvorvidt vi *selv* kan overholde disse retningslinjer, der ellers udsprang af så gode intentioner...

Hvordan tackler man de psykiske konsekvenser, det har for unge at blive totalt ekskluderet fra deres sociale omgangskreds i en hel uge? Og for nogle vil en hel dag endda være ulideligt. Dét er den virkelighed, som vi står i, og vi er nødt til at forsøge at ændre på den. Det har vi et ansvar for at gøre. Ikke kun for vores egen skyld, men også for vores børns skyld. Dette samler vi op på i afsnittet *til forældre* sidst i bogen.

TÆND FOR DIN BEVIDSTHED

- Start med at overveje over om du, ligesom mange andre, sammenligner dig selv med dine jævnaldrende eller kendte på sociale medier.

- Overvej om du dagligt ser idealiserede billeder af dine venner og kendte på Instagram, og om du husker at minde dig selv om, at de ikke ser sådan ud i virkeligheden. Det er nemlig rigtig vigtigt, at du forstår, at du ikke må måle dig selv ud fra andres perfekte billeder, for andre er *heller* ikke perfekte i virkeligheden. Du skal huske på, at de viser deres bedste og redigerede billeder på sociale medier, og at der efterhånden ikke er særlig mange af os, der poster billeder på sociale medier, hvor vi ikke har makeup på (medmindre vi forsøger at vise modpolen til perfektionen, som man blandt andet kan finde ved brug af hashtag som #imperfection eller #imperfectionisbeauty). Der er efterhånden ikke særlig mange af os, der poster billeder, medmindre vi er 110 pct. tilfredse med os selv, og det siger altså en hel del, fordi vi ofte selv er de største kritikere over for vores billeder.

- Overvej om du bliver glad, når du får et like, og om du i al hemmelighed samler på dem. Får du nok anerkendelse udenfor sociale medier? Har du tætte venner, som du er sammen med i din fritid, eller sidder du meget alene og er logget på sociale medier? Har dine forældre tid til at være sammen med dig, og bruger I tid hver dag på andre ting end jeres telefoner?
- Overvej hvordan du bliver påvirket af at være fem, 30 eller 50 minutter på f.eks. Instagram. Kan du mærke, at de mange perfekte billeder gør, at du bliver en anelse mere selvkritisk? Eller kan du godt minde dig selv om, at billederne er opstillede, og at du derfor ikke skal gå ud på badeværelset og sammenligne dit spejlbillede med dem? Måske bruger du kun sociale medier til at kigge på indretning og få kreative ideer, i så fald kan du lave spørgsmålene om, så det passer til den aktivitet, som du udøver mest: Synes du, at dit værelse eller hjem er flot nok, når du ser billeder af andres huse på Pinterest, Instagram eller i bladene?
- Hvis du bliver selvkritisk af at være på sociale medier, kan du overveje at logge mere af. Du kan lave flere sociale aftaler med dine venner, så du er mere til stede i livet udenfor skærmen. Det kan være nemmere for os at se vores egne styrker udenfor skærmen, når alt ikke ser *helt* så perfekt ud. Vi kan ikke slette hele det perfekte univers online, men vi kan begynde at se mere væk. Dine venner har det måske i bund og grund ligesom dig, men tør ikke sige det, fordi vi hurtigt kan føle os alene med vores tanker. Måske skulle du snakke med dine bedste venner om, hvordan du

bliver påvirket af sociale medier? Der er stor sandsynlighed for, at de har det på samme måde som dig.

KAPITEL 5

I BESTRÆBELSEN PÅ AT VISE VORES BEDSTE SIDE PÅ SOCIALE MEDIER, RISIKERER VI AT OPLEVE EN UOVERENSSTEMMELSE I VORES SELVOPFATTELSE

Oliver scrollede gennem sin Instagram, mens han gik fra toget hen til sin cykel. Han smilede og var stolt over, at han langt om længe havde fået skabt en ret flot konto. Følelsen af stolthed og glæde piblede frem bag hans smil. Det havde taget ham det sidste år at få skabt så mange fede billeder, taget med mange forskellige venner på nye steder. De fleste af hans billeder havde efterhånden et antal af likes, som lå langt over hans "grænse" for, hvornår han slettede dem. Han følte sig decideret flov, hvis et billede lå under hans grænse for, hvor mange likes han ønskede at få. Sådan vidste han, at mange af hans venner også havde det. Enkelte gange havde han slettet et billede, som han inderst inde selv var glad for. Billeder som havde en betydning for ham, fordi han måske så glad ud i stedet for bare at se flot ud. Men det havde ikke fået særlig mange likes, så det kunne ikke være en del af hans konto.

Tanken hang ved et øjeblik.

Han låste sin cykel op og trillede gennem menneskemængden, videre i dagens program. Var det på en eller anden måde forkert, at han ikke kunne være 100 pct. sig selv på de billeder, som han brugte så meget tid og energi på at tage?

Og endnu vigtigere: Var han begyndt at tro, at han skulle se sådan ud?

Som vi har været inde på i de forrige kapitler, er livet online begyndt at fylde mere og mere, og derfor bliver vi også påvirket af fremstillingen af det perfekte liv, som dominerer på mange medier i dag. Førhen iagttog vi blot medierne i magasiner og tv, men i dag er der et ekstra lag. På sociale medier har vi *selv* fået muligheden for at iscenesætte os ud fra illusionen om perfektion i alle afskygninger, hvilket gør at vi lettere kommer til at tro, at vi skal bestræbe os på at være perfekte.

Sociale medier er en iscenesat del af virkeligheden, hvor man som bruger har tid til at tænke over sin egen positionering. Ergo må der være et forum på sociale medier, hvor man fremstiller sig selv, og et forum udenfor sociale medier, hvor man *også* har et selv. Hvordan hænger vores følelse af selvet sammen i dag, når man kunne fristes til at sige, at vi fremfører et skuespil på sociale medier, hvor kun særligt udvalgte dele af vores liv og vores udseende får lov til at skinne igennem? Har vi den samme historie om os selv både på sociale medier og offline? Eller ser vi primært et glansbillede af, hvordan vi gerne *vil* se ud på sociale medier, og en anden virkelighed, når vi logger af og ser os selv i spejlet?

Det er vigtigt at have for øje, at vi bliver stillet til regnskab for disse selvpositioneringer, med det samme vi ser op fra skærmen – både af andre, men særligt i vores eget spejlbillede af os selv. Vi er vores egen værste fjende, hvad angår det at rette det kritiske blik indad.

Som menneske er det helt grundlæggende for os at have en følelse af, hvem vi er. Som jeg har været inde på, bliver den følelse skabt allerede fra vores første møde med livet som spæd og op gennem vores barndom, hvor vores forældre lærer os at mærke os selv gennem spejling af vores følelser. Det er relevant at overveje, om vores selvfølelse kan være i fare i denne digitale tid. Fremstillingen af ens selv på sociale medier sker hyppigere i dag og i mere udbredt grad end førhen, og for nogle fylder det nærmest mere end den daglige selvpositionering i livet udenfor skærmen.

Som jeg også nævnte i kapitel fire, vil vi som oftest fremstille os selv fra vores mest favorable side, ganske enkelt fordi vi kan. På sociale medier er det lettere at fremstille os selv i det lys, som vi ønsker, fordi hele fundamentet bygger på, at vi viser dét, som vi gerne vil have, at de andre skal se. Derfor er det lettere at være den person, som man gerne vil være, såsom; "ham den sjove", "ham den politisk aktive, der altid har det rigtige at sige", "hende den lækre", "den bedste kæreste, der køber blomster" eller "hende, der har 500 venner, som alle kan lide".

Det er højst sandsynligt lettere for ham, der altid er sjov eller retorisk stærk i hans politiske indlæg, at sige det rigtige på Facebook, fordi han har tid til at overveje hvert et ord. Det er også lettere for hende den lækre, fordi hun kan sende sine billeder en tur igennem Photoshop, inden hun poster dem, eller helt undlade at poste dem, hvis de ikke er "Instagram-værdige". Det er også nemmere at virke som den bedste kæreste, når vi ikke ved, hvad der er sket, inden blomsterne blev købt: Vi ved ikke, om ham og kæresten havde et stort skænderi dagen forinden, som han ville råde bod på. Ligesom det er lettere at have 500 venner på Facebook end i virkeligheden, fordi man ikke skal pleje sine venskaber på Facebook, som man normalt ellers skal.

På sociale medier viser vi ikke alt det, som vi *ikke* lykkes med. Vi er kritiske, når vi poster billeder, og det er uanset om de omhandler vores udseende eller vores præstationer: Dét vi som mødre vælger at vise, når vi har bagt kage til vores datters fødselsdag, er ikke første forsøg, hvor den hvide chokoladecreme skilte og marcipanen ikke ville makke ret. På samme vis kunne vi aldrig drømme om at dele et screenshot af vores løbetid fra vores løbeapp, hvis tempoet ikke var højt nok. Vi udvælger konstant dét, der skal have lov til at fylde i vores iscenesættelse og fravælger alt andet.

Af den grund, er der et øget fokus på, at vi konstant tager os godt ud i dag, og dermed får vi ikke en pause fra fremstillingen af den bedste version af os selv. Hos mange af os, er det måske mere noget, som vi gør ubevidst end det er en bevidst bestræbelse. Dog finder jeg det problematisk at "spille en rolle", uanset om det foregår i virkeligheden eller på nettet, fordi vi som menneske har brug for at føle os trygge i at være os selv.

Hvis fremstillingen på sociale medier er et skuespil, vi udøver med fokus på, hvordan vi gerne *vil* se os selv, kan det med tiden blive svært at anerkende den del af os, der bare har brug for at have morgenhår og blive elsket på trods af et par bumser. Man kan blive så revet med af alle de smukke profilbilleder, der prædiker perfektion og store øjne, at man helt glemmer, at livet ikke handler om at se godt ud eller at præstere til perfektion. For det gør det faktisk ikke.

ET SMUKT YDRE

På trods af at livet ikke handler om vores udseende, er det alligevel noget, der fylder en hel del for os i dag. Rent evolutionært har udseende altid haft betydning for os, fordi det er en del af dét at vælge sin partner. Det er jo ikke uden grund, at dyrene på vores planet charmerer deres mage med et smukt farverigt udseende – og at det virker. Vi vil helst formere os med én, der videregiver nogle stærke gener, og udseende hænger derfor sammen med konkurrencedygtighed, der sigter mod at fremme vores overlevelse. Derfor har det selvfølgelig også betydning for os i dag, fordi vi ikke kan lukke øjnene for, at andre menneskers udseende er det første, som vi får øje på. Et smukt ydre gør også livet lettere, fordi man i mindre grad skiller sig ud på en negativ måde, og det er der mange mennesker, der drømmer om. De fleste af os vil dybest set bare gerne være ligesom alle andre.

'AT VI BLIVER FORBLÆNDET AF ET FLOT UDSEENDE, ER EN HELT CENTRAL DEL AF VORES EVOLUTIONÆRE RØDDER SÅ NÅR JEG GERNE VIL FASTSLÅ, AT LIVET IKKE HANDLER OM AT SE GODT UD, MENER JEG I VIRKELIGHEDEN, AT VI BLIVER ULYKKELIGE AF AT HAVE FOR MEGET FOKUS PÅ DET'

I takt med at vi bliver ældre, viser det sig dog for mange af os, at livet *ikke* var meget bedre for ham den populære dreng i folkeskolen. Selvom vi uden tvivl bildte os selv det ind. Han havde måske ikke vores problemer at slås med, men så havde han sine egne. Alt er relativt, og som en forelæser sagde til mig på studiet så; *er summen af problemer altid konstant.* Her var hendes pointe, at alle menne- sker har en tendens til at have den samme mængde af problemer hele tiden. Hvis vi fjerner nogle problemer, kommer der bare nogle andre til. Alligevel kan vi nogle gange kigge på folk og tænke: *Wauw, han er smuk! Han må være lykkelig, når han ser sig selv i spejlet!* Men skønhed og lykke er langtfra to elementer, som vi kan sætte ligheds- tegn imellem.

I teenageårene kommer vi let til at måle os selv gennem vores udseende, og det er en helt naturlig del af at være ung. Vi sætter lighedstegn mellem vores eget værd og vores udseende, og vi bliver derved lettere forblændet af andres smukke ydre. Dette sker selvføl- gelig også for voksne – vi er jo alle sammen bare mennesker, uaf- hængigt af vores alder – men det skulle gerne ske i lidt mindre grad. Vi skulle gerne blive lidt mere rodfæstede med alderen og kunne elske os selv for vores indre værdier.

Det er svært ja, uanset alder.

Men det er et opnåeligt mål for alle. Vi skal bare passe på, at sociale medier ikke får os overbevist om, at vores glansbillede og vores idealer bliver målet, fordi så tror jeg, at vi får et mere tomt og meningsløst liv.

'EN AF KONSEKVENSERNE VED, AT VI FREMSTILLER OS SÅ GYLDENT PÅ SOCIALE MEDIER, KAN VÆRE, AT VI FÅR EN FØLELSE AF, AT VI IKKE ER GODE NOK, SOM VI ER'

At vi bliver forblændet af et flot udseende, er en helt central del af vores evolutionære rødder. Så når jeg gerne vil fastslå, at livet ikke handler om at se godt ud, mener jeg i virkeligheden, at vi bliver ulykkelige af at have for meget fokus på det. For helt at undgå det, vil det kræve, at vi kæmper imod vores evolution. Men jeg vil mene, at vores helt enorme fokus på fremstillingen af skønhed, gennem skønhedsidealerne, der bliver fremhævet på sociale medier, har nået et niveau, der overstiger alles formåen. Særligt fordi mange af os kan blive fristet til at tro, at dét at se godt ud ligestilles med lykke og succes: Hvis bare vi kan fremstille os selv på den bedste måde på sociale medier, bliver vi lykkelige!

Men spørgsmålet er, om dette er tilfældet.

Du er den, du er, uanset om du fremstiller dig som en anden. En af konsekvenserne ved, at vi fremstiller os så gyldent på sociale medier, kan være, at vi får en følelse af, at vi ikke er gode nok, som vi er. Hvis man nu en dag ikke formår at leve op til sit eget spejlbillede online som hende brunetten med de mørke vipper og perfekt hud, men at man bare har brug for at have uglet hår og ingen makeup på i skole i dag, kan man så det?

Jeg tror desværre, at der bliver færre og færre unge, der føler, at de kan det i dag. Med det samme de ser sig selv uden makeup og dermed manglende timer af energi bag spejlet på at gøre sig lækker, sammenligner de sig med alle de andres online selviscensættelse – og så er dommen hård. Man kan hurtigt føle, at man ikke er noget værd, når man er sig selv, og det er meget problematisk for unges selvværd i dag. Dog er der selvfølgelig kommet et øget fokus på, at gå væk fra perfektionen i dag, hvor nogle nægter at gå med makeup og undlader at barbere sig osv. Men det er stadig min opfattelse, at det dominerende billede er perfektionen i alle dens afskygninger.

Der er stor forskel på, hvordan man forsøgte at fremstille sig selv i et bedre lys for bare 20 år siden, hvor det som udgangspunkt blev gjort i en ikke-virtuel-verden kontra nu, hvor vi både har denne verden og en digital. Førhen kunne vi bevidst træde ind i rollen som "ham den intelligente" eller "ham den sjove", når vi var på besøg hos vores venner eller til et arrangement i en lidt større forsamling. Det væsentlige var, at vi kunne tage os ekstraordinært godt ud i disse situationer. Herefter kunne vi så træde ud af rollen igen, når vi kom hjem og tog "udklædningen" af. Her kunne vi nyde os selv uden makeuppen eller det smarte tøj og stadig anerkende denne del af sig selv. På den måde skabte man måske en balance mellem et selv, der både kunne rumme sig selv i nattøj og et selv helt pyntet op. Dét, at vi havde et helle derhjemme, kan også belyses ud fra sociologen Erving Goffmans teori, og ses som et udtryk for, at vi havde et "backstage"[19]. Modpolen til vores "frontstage", hvor vi ikke var "på", her kunne vi bare slappe af og være os selv. Goffman så altså den sociale arena, som en scene, hvor der var forskel på, hvor du befandt dig henne og om du var i gang med at spille en rolle, eller om du kunne slappe helt af og tage fri fra skuespillet.

I dag kan jeg blive i tvivl om, hvorvidt vi har et backstage, og hvorvidt vi kan holde "fri". Måske tænker du med det samme, at det har man da – vi kan da slappe af, når vi er hjemme, på lige fod med hvad man kunne inden sociale medier blev opfundet. Muligvis. Det tror jeg også, at der er en god portion af os, der formår at gøre, men det er ikke en selvfølge, at alle kan. Problemet i dag er, at vi konstant er online i den virtuelle verden, og dermed er vi stadig "på", når vi er hjemme.

Nogle formår måske at koble helt af fra de to verdener og bare være nærværende udenfor skærmen, men jeg tvivler på, at det er størstedelen af os. Når vi kommer hjem fra skole, studierne eller arbejdet og skulle forestille at være i en tryg base af hjemme-hygge og selvkærlighed, fortsætter vi måske blot med at være logget på sociale medier, hvor spejlingen af andre fylder mindst lige så meget, som den har gjort hele dagen. Måske fylder livet online faktisk mere, når vi får fri og kommer hjem, fordi nu har vi rigtig "tid" til det, og nu behøver vi hverken at have dårlig samvittighed eller skjule, at vi tjekker sociale medier, som vi gør i smug under bordet i skolen eller på arbejde.

Problemet er for mig at se, at sammenligningen med andre på sociale medier fortsætter, når vi er kommet hjem i vores helle, også selvom vi selv har smidt facaden nu. Så hvis vi var sårbare før, er vi det endnu mere nu. Her er det måske tydeligere for os, at vores spejlbillede ikke stemmer overens med vores selvpræsentation på sociale medier, så det er særligt her, at vi kommer til at skulle forholde os til, at vi har to selv, der ikke stemmer overens; vi har glansbilledet og så har vi virkeligheden. Hvilket selv mon får mest anerkendelse af os? Det smukke portræt på Facebook med 66 kommentarer og 189 likes eller det blege ansigt med to bumser, der forgæves forsøger at smile selvsikkert ind i spejlet lige inden aftensmaden?

'OG DET VÆRSTE VED DET ER, AT FORTÆLLINGEN OGSÅ LEVER INDE I OS SELV - VI TROR MÅSKE SELV PÅ, AT VORES PERFEKTE SELV PÅ SOCIALE MEDIER ER MERE ØNSKVÆRDIGT, END DET SELV, VI BLOT NATURLIGT KAN LEVE OP TIL UDENFOR DENNE VERDEN'

Vores naturlige jeg har så svært ved at få vores egen anerkendelse, fordi vi måske ikke engang selv synes, at vores naturlige udseende er smukt længere. Vi bruger så meget energi og tid på at være i en bedre verden, at det er sådan, vi per automatik bedømmer vores naturlige ydre.

Måske er flere voksne blevet bevidste om deres automatiske tanker og er robuste nok til at undgå den ærgerlige sammenligning med topmodellerne på Instagram, og i stedet blot elske sig selv for dem, de er. Flere og flere bruger måske også et naturligt profilbillede på sociale medier, og det er klart at disse mennesker ikke er i fare for at opleve en uoverensstemmelse mellem to forskellige selv. Alligevel hører jeg indimellem veninder i min vennekreds fortæller om, hvordan de dagligt kommer til at sammenligne sig selv med kendte på Instagram, og som oplever at blive triste over deres eget liv, selvom de både er smukke og har succes.

Når veninder i min omgangskreds og jeg selv, ikke kan se sig fri for at sammenligne os med det, som vi dagligt ser på sociale medier, er jeg især bekymret for, hvad vi lærer vores børn og unge i dag. Som tidligere nævnt, bruger de ikke på samme måde som voksne en tankegang, der er præget af mange timers rationelt processeringsarbejde, men nærmere en automatisk instinktiv måde at bearbejde profilbilleder på sociale medier, så de er i særlig stor risiko for at udvikle en tendens til at kritisere sig selv, når de står over for deres ejet spejlbillede om aftenen uden makeup. Flere unge har sikkert heller ikke et helle om aftenen, hvor de tager makeuppen af. Jeg kunne tværtimod godt forestille mig, at den først ryger af, inden de går i seng. Måske er det ikke engang, fordi familien ikke må se dem, men fordi de ikke kan klare at se sig selv uden makeup, og det må være skrækkeligt hårdt for deres selvværd. Vi er sikkert også mange flere, der inderst inde har det sådan, også selvom vi ikke er helt unge længere. Det er forståeligt, at vi får sværere ved at "like" vores naturlige udseende. Det kan vi blandt andet takke vores digitale verden for.

Flere af de undersøgelser, som jeg har refereret tidligere, belyser hvordan den perfekte selvfremstilling, for især mennesker i aldersgruppen 18-35 år, sætter nogle uhensigtsmæssige rammer op for deres rejse mod at acceptere sig selv, som de er. Det kan være svært for unge at tage en pause fra ens perfekte online selv. Vi bliver på en måde stillet til regnskab over for vores identitetsfremstilling på sociale medier, fordi denne fortælling lever videre hele tiden – også henne i skolen, på studierne eller på arbejdet. Og det værste ved det er, at fortællingen også lever inde i os selv – vi tror måske selv på, at vores perfekte selv på sociale medier er mere ønskværdigt, end det selv, vi blot naturligt kan leve op til udenfor denne verden. Selv mange voksne har måske også svært ved dette, på trods af at de ikke længere kan skyde skylden på deres hjernes udviklingsmæssige stadie. Men voksne er også bare mennesker, der er på sociale medier – og mennesker bliver påvirket.

Det afhænger blandt andet også af, hvilken fortælling man ønsker at fortælle med sin profil på sociale medier: Er den en tro kopi af ens sande jeg og derfor ligner det liv, som man lever udenfor skærmen, eller er den dét glansbillede, som jeg har omtalt en del gange efterhånden? Essensen er, hvor langt de to selvfremstillinger eller selvbilleder ligger fra hinanden, og hvor meget de ligner hinanden. Dette ser jeg som afgørende for, i hvor høj grad, vi som mennesker bliver påvirket af at fremstille os selv på sociale medier.

INDE BAG FACADEN

Instagram er efterhånden en af de største sociale medier, og i er undersøgelse fra 2018 hævdes det, at der dagligt blev slået over 95 millioner billeder op på platformen[20]. I 2020 anslog en undersøgelse lavet af Danmarks Radio, at blandt andet Instagram er et af de sociale medier, hvor man ser en markant stigning i brugen hos de 12-29-årige[21]. For mange unge er Instagram altså blevet en stor del af deres liv, og for nogle fylder det mindre end en time, mens det for andre fylder flere timer i døgnet.

"MANGE UNGE STRÆBER EFTER AT FÅ LIKES PÅ DERES SELFIES. DE FÅR ALTSÅ KONSTANT LIKES PÅ DERES YDRE, SÅ DE VIL MED STOR SANDSYNLIGHED OPLEVE EN MODPOL INDIMEL-LEM, HVOR DE MÆRKER EN FØLELSE AF TOMHED, FORDI DET HELE ER SÅ OVERFLADISK"

Det er efterhånden ved at være en kliche, når man hører kendte mennesker udtale at; *der er en bagside af medaljen, jeg er også ensom indimellem.* Jeg faldt over en lignende udtagelse fra en kendt ung influencer på Instagram, som meget tydeligt viser, at Instagrams spotlight muliggør mange unges drømme om berømmelse og et mere glamourøst liv – set udefra. Men det er nok ikke nogen hemmelighed, at det sætter sine spor, når unge bliver berømte og pludselig har flere tusinde menneskers øjne rettet mod sig, hver gang de laver et opslag på deres profil.

Har vi glemt at stoppe op og tage denne information til os?

På mange måder er det derfor klart, at der er en bagside af medaljen, når man har et sådant fokus på at promovere den perfekte fortælling om sig selv og bruge energi på at lægge videoer op dagligt. Mange unge stræber efter at få likes på deres selfies. De får altså konstant likes på deres ydre, så de vil med stor sandsynlighed opleve en modpol indimellem, hvor de mærker en følelse af tomhed, fordi det hele er så overfladisk. De får af samme grund ikke særlig meget anerkendelse i bare at være til, fordi alting handler om at poste billeder og leve op til denne glamourøse fremstilling af sig selv. Men når alt kommer til alt, er de bare mennesker ligesom alle andre, så selvfølgelig føler de sig ensomme nogle gange. Det er en helt naturlig menneskelig følelse. Sociale medier har ændret den sociale arena for os alle, men det er særligt unge, som kan være i risiko for at opleve nogle konsekvenser heraf.

Den kendte instagrammer, som udtalte sig ovenfor, havde lige skrevet en bog, hvor hun havde afsløret sin største hemmelighed, og det rørte hende at skulle dele så meget om sig selv til så mange. Generelt delte hun enormt meget om sig selv og sit liv på Instagram, og denne bog var ikke nogen undtagelse. Det er blevet mere og mere naturligt, at mange lever et såkaldt kendisliv, hvor de har følgere, der forguder dem, og jeg forstår godt, at det må være overvældende. For at være helt ærlig, ved jeg ikke om jeg kan sætte mig ind i, hvor overvældende det må være. Men med ens psykologiske udvikling i puberteten, kan jeg ikke forestille mig, at det kan være gavnligt for en 16-årig at leve sådan et liv. Uden at påstå, at man direkte kan sammenligne det med de kendte fra Hollywood, så er jeg bekymret for, om unge kan holde til at være i en verden, hvor der er så meget fokus på dem selv, og særligt på deres udseende og præstationer. En alvorlig konsekvens af den opmærksomhed, som teenagestjerner får i Hollywood er netop, at de får det så dårligt med sig selv, fordi der er for lidt opmærksomhed og omsorg for deres personlighed og naturlige ydre. For er det ikke netop dét, der er problematikken?

'JEG TROR, AT DET ER VIGTIGT AT NÅ TIL DEN ERKENDELSE, AT HVIS VI MENNESKER MEST BLIVER ANERKENDT FOR VORES SMUKKE YDRE, ER VI I FARE FOR AT FÅ LAVT SELVVÆRD'

Alle mennesker har brug for hudløs ubetinget kærlighed og anerkendelse fra nogle varme mennesker rundt omkring dem. Men hvis opmærksomheden pludselig rettes mod, at fremmede mennesker tilbeder dem online, så mister man rigtig meget af det, som vi som mennesker oprigtigtalt har behov for. Fordi følgerne elsker dem jo ikke *rigtigt,* og går man for meget op i disse virtuelle likes og den enorme anerkendelse, tror jeg at man kommer til at mærke en meget kold følelse af tomhed. Og den kan være svær at rumme alene.

Jeg tror, at det er vigtigt at nå til den erkendelse, at hvis vi mennesker mest af alt bliver anerkendt for vores smukke ydre, er vi i fare for at få lavt selvværd. Vi mennesker har ikke kun brug for at blive liket. Vi har behov for at blive elsket af vores familie og særligt tjener det, det formål, der skal sikre vores livslange overlevelse: Vi skal nemlig lære at elske os selv.

Vi bør tage de kritiske briller på og rette et blik mod det samfund, som vi har fået opbygget i dag, hvor konkurrence både har sneget sig ind som et begreb i skolen og på arbejdsmarkedet, som ikke mindst afstedkommer en hyppig følelse af forventningspres på sociale medier. Forventninger til én selv.

Som tidligere nævnt lever vi i et samfund som netop er præget af et forventningspres, og hvor det er reglen mere end det er undtagelsen, at vi får prædiket "kompetenceudvikling" og andre fine ord med "udvikling", som facit[22]. Modsat dette er det sjældent, at vi støder på et kæmpe banner med ordene: "STABILITET ER SÅ MEGET VIGTIGERE END AL DEN FREMDRIFT!", selvom disse ord burde stå et sted, hvor alle kan se dem.

Det er for mig en selvfølge, at livet ikke handler om at være i bevægelse hele tiden, og at vi som mennesker har behov for at være i ro og stilstand, særlig når det handler om at blive anerkendt præcis som vi er, i stedet for at blive anerkendt i forsøget på at flytte os og blive klogere. Dele af dette budskab påpeges også af Svend Brinkmann, som er én af de mest udtalte kritikere af vores tids udviklingstrang, hvor han netop pointerer, at vi skal øve os i at stå fast[23].

ET FALSK SELV

Grunden til, at jeg bevæger mig rundt på et større samfundsmæssigt plan, er fordi det ser ud som om, at konkurrence er alle steder at finde i dag, og altså ikke bare på sociale medier. Når familien tænder for fjernsynet i weekenden, kan man vælge mellem at se X-factor, Voice, Talent, Vidunderbarn (kært barn har mange navne) og sågar Den Store Bagedyst for børn, som alle indeholder konkurrenceelementer. Det eneste, man efterhånden ikke kan finde, er et program der viser, at det *ikke* er efterstræbeligt at komme i tv, og at man faktisk er god nok, som man er – uanset om man har et talent eller ej. Det er ikke et problem i sig selv, at vi laver tv, der har til formål at underholde sit publikum. Men hvis selvsamme blandt andet lærer os, at det ikke længere er godt nok bare at bage en bradepandekage, men at det faktisk er et dagsprojekt at bage en fødselsdagskage, så finder jeg det værd at rette vores opmærksomhed mod.

Jeg har selv været ret glad for at se X-Factor, fordi jeg elsker at synge, men det er en del år siden, at jeg måtte erkende, at programmet bestemt ikke udelukkende handler om at kunne synge. En stor del af de auditions, der afholdes handler om at skabe underholdende tv og det fremmer, i mine øjne, igen det fokus at det næsten bliver et mål i sig selv at blive "set". Ens for disse programmer ovenfor er, at de leder efter noget unikt, som vi kan bifalde. De leder efter en vinder. Det gør de antageligvis, fordi det er grundpræmissen i en konkurrence, men jeg tror, at man kan diskutere, hvorvidt det er gavnligt for børn og unge udelukkende at se på programmer, der går ud på at bedømme mennesker for deres præstationer.

Som psykolog finder jeg det væsentligt, at vi som samfund i højere grad begynder at stoppe med at bedømme folk i stedet for ovenstående fokus. Indtil da, bliver vi måske nødt til *også* at slukke for fjernsynet indimellem, hvis det tager for meget overhånd. For hvis hverken underholdningsprogrammerne eller sociale medier vil pleje vores selvværd, så må vi jo selv gøre det.

'MIN POINTE ER, AT DET KUNNE VÆRE RART, HVIS BØRN OG UNGE IKKE KONSTANT BLIVER KONFRONTERET MED ET FOKUS PÅ KONKURRENCE OG PRÆSTATIONER HVER GANG, DE TÆNDER FOR EN SKÆRM. FOR DEM HAR VI EFTERHÅNDEN MANGE AF'

Og selvfølgelig har vi primært selv ansvar for at pleje vores selvværd. Det er jeg godt klar over, at licenspengene ikke kan finansiere. Jeg tvivler i øvrigt også på, at medierne i sig selv kan få os til at opleve en større selvkærlighed. Nej, i stedet lander bolden hos vores forældre. Igen. Men hold nu op, hvor har vi forældre mange bolde, som vi skal jonglere med – det er sørme hårdt at være forældre i dag! Det har det selvfølgelig altid været, men ligesom på så mange andre områder, så er vidensdelingen eksploderet inden for børnepsykologien de sidste 50 år. Nu ved vi endnu mere om, hvad børn har brug for, ergo stilles der tilsvarende flere krav til os. Her kunne det så bare være rart, hvis digitaliseringen ikke gjorde det endnu mere svært for os. Ikke nok med, at vi skal have dårlig samvittighed, når vi henter dem 20 minutter for sent i institutionerne – nu skal vi også kunne ranke ryggen og sige: *Nej skat, du må ikke se Gurli Gris på hverken Ipad'en, mors Iphone, fars computer eller fjernsynet – fordi vi skal være sammen om at lave aftensmad.* Efterfulgt af en 3-årig i trodsalderen, der springer i luften. Og dette sker, hver gang barnet går forbi en skærm.

Det afhængighedsskabende ved disse skærme er jo enormt svært at forklare for et lille barn, og det er virkelig forståeligt, at Gurli Gris bliver en reel konkurrent til mor og far! Forskellen på førhen og i dag var, at man kun kunne se fjernsyn på tv'et i et begrænset omfang af dagens 24 timer, mens man i dag konstant bliver konfronteret med, at det er tilgængeligt på samtlige skærme døgnet rundt.

Og hvad med storebror på syv, som har ekstraordinært travlt med at opdatere hans YouTube-kanal, eller storesøster på ti år, der allerede er begyndt at starte hendes dansekarriere på TikTok og hendes sociale image på Instagram – hvordan skal mor og far få tid til at have følehornene ude og opfange, hvis det langsomt piller deres selvværd fra hinanden? Det er enormt svært som forældre at registrere det og tale om det med vores børn. Fordi hvordan taler vi om noget, som er blevet et underliggende usynligt fundament for størstedelen af børn og unges skærmbrug, såsom det store fokus på at vise sig selv frem og det man kan? (her tænker jeg f.eks. ikke, at Gurli Gris spiller ind, da jeg ikke ser dette som skadeligt for børns selvværd). Dette vil vi vende tilbage til i afsnittet *til forældre* sidst i bogen.

Min pointe er, at det kunne være rart, hvis børn og unge ikke konstant bliver konfronteret med et fokus på konkurrence og præstationer hver gang, de tænder for en skærm. For skærme har vi efterhånden nok af.

Generelt er massemedierne på mange måder karakteriseret af et lige så stort fokus på overfladiske værdier og fokuspunkter, som dét, vi finder på sociale medier, så det kan være rigtig svært at få øje på det, eller for den sags skyld komme det til livs. Jeg vil slet ikke nærme mig en debat om realityprogrammer generelt, men selv de helt stille og rolige underholdningsprogrammer som Nybyggerne, hvor fire par skal dyste om at lave det flotteste hus, ser jeg også nogle udfordringer ved. Det er de færreste, der nok finder det problematisk, men vores verden er i den grad præget af at se og følge andre, gøre som de andre og drømme om en: "indretningsstil ligesom dem i rødt hus". Allerede i første afsnit siger den kreative dommer: *Jeg vil imponeres – jeg vil se noget, som jeg aldrig har set før.* Hun vil se kreative løsninger og tages med ud på en rejse, hvor hun falder bagover af begejstring. Men hvad blev der af at finde underholdning ved at se folk skabe hyggelige hjem med personlighed, som de gerne vil bo i? Behøver vi at blive imponerede?

'FLERE MENNESKER, SÆRLIGT UNGE, KAN VÆRE I RISIKO FOR AT UDVIKLE ET FALSK SELV, HVOR DÉT AT VÆRE EN KOPI AF ANDRE BLIVER TIL EN ØNSKVÆRDIG OG AUTOMATISK JAGT FREM FOR AT FINDE UD AF, HVEM DE SELV ER'

Jeg synes faktisk, at det er inspirerende at se Nybyggerne, og det er bestemt ikke for at pege fingre ad deltagernes drømmehjem, at jeg bruger programmet som eksempel. Men jeg er blot blevet opmærksom på, at de tanker, jeg selv har fået om at indrette et hjem, bliver meget præget af, at det hele skal se ud på en bestemt måde. De fleste i programmet får skabt et meget smukt hjem, men jeg synes ikke, at de adskiller sig meget fra de hjem, som man finder, hvis man slår op i Bo Bedre. Mange indretningsstile ligner i dag hinanden, og jeg er begyndt at reflektere over, om mange af os skaber hjem med personlighed, eller om vi bliver forblændet af, at vores hjem skal være symmetriske og smukke? Da vi flyttede til Silkeborg, satte jeg et stort arbejde i gang for at indrette vores hjem i det nybyggede rækkehus. Men læg mærke til, at jeg skriver "jeg". Min søde mand fik bestemt ikke lov til at få enhver genstand med, som han ellers holder af. Det blev nøje gennemtænkt, hvorvidt den passede ind, og dem, der ikke gjorde, fik plads i en kasse, indtil jeg fandt ud af, hvordan jeg kunne få dem ind i mit meget firkantede billede af, hvordan vi skulle bo. Og det er jo decideret trist.

Jeg gik så meget op i, at det hele skulle passe sammen, at jeg glemte, om tingene skaber værdi, fordi vi er glade for dem, eller fordi de er smukke og passer ind i mit billede af, hvordan jeg syntes, at vi skulle bo. Det handlede i høj grad også om, at vi kom fra en lille hyggelig og gammel lejlighed, og flyttede ind i et nybygget stort og sjælløst rækkehus. Væggene var så hvide og kolde, og helt generelt var det så pænt, at jeg overbeviste mig selv om, at vores indretning derfor også skulle være pæn og stilren, for at kunne passe ind. Selvom det blev et godt hjem, så var lejligheden i Aalborg langt mere hyggelig. Den havde sjæl…

Jep, jeg har bestemt et problem her. Men jeg kan høre i min omgangskreds, at jeg langt fra er ene om det. Igen handler det om, at vi i alle afskygninger af livet får prædiket perfektion ind på nethinden, og uden vi bemærker det, kan vi gå hen og miste meget af det, som ellers gør os til "os". Flere mennesker, særligt unge, kan være i risiko for at udvikle et falsk selv, hvor dét at være en kopi af andre bliver til en ønskværdig og automatisk jagt frem for at finde ud af, hvem de selv er. Flere vil måske opleve at skabe en distance til ens autentiske følelse af selv, og altså den person de i virkeligheden er, når de forsøger at fremstille en "bedre" version af sig selv gennem deres profiler på sociale medier. Og den er bestemt ikke "bedre", den høster bare flere likes og lækre ord fra ens bekendte, og pludselig kan man jo komme i tvivl om, hvem man egentlig gerne *vil* være.

Hvis vi bladrer tilbage til kapitel fire, hvor jeg var inde på, at unge kan være i fare for ikke at turde fremstille deres naturlige selv på de sociale medier, fordi det vil føre dem længere væk fra deres idealiserede mål om at opnå et vist antal likes, opstår der en væsentlig problematik. For hvad sker der, når man gentagne gange bliver bekræftet i at være en idealiseret og forbedret udgave af sig selv? Sandsynligvis vil man komme til at føle, at denne fortælling er den rigtige og måske den mest ønskværdige. Ergo bliver ens oprigtige og autentiske fortælling overset, og den kan derfor være i alvorlig risiko for ikke at få nok anerkendelse. Hvis dette er tilfældet, er vores naturlige jeg altså i stor fare for at blive den fortælling, der ikke er nok værd.

TÆND FOR DIN BEVIDSTHED

* Start med at overveje om du, ligesom mange andre, viser den flotteste side af dig selv på sociale medier. Redigerer du alle dine billeder, inden du poster dem, eller er du helt naturlig? Som jeg har været inde på, er det slet ikke *forkert*, hvis du redigerer dine billeder, det er helt naturligt at vi gerne vil fremstille os bedst muligt. Men jo mere vi redigerer i vores udseende for at få likes, desto længere kommer vi måske væk fra vores naturlige måde at se ud på. Med andre ord: Vi ligner ikke os selv. Nogle vil måske mene, at man blot fremhæver ens skønhed, og hvis det er sandt, kan det være, at du har det helt fint med at redigere dine billeder. Men det kan også være, at du får sværere ved at synes

om dig selv uden makeup og ved at synes om de billeder, som ikke er blevet redigeret.

- Overvej hvordan det påvirker dine tanker om dig selv, hvis du poster redigerede selfies på sociale medier. Tænk over hvor lille/stor en forskel, der er på din online iscenesættelse og dit naturlige udseende uden makeup udenfor skærmen. Overvej om du føler, at du bliver nødt til at se perfekt ud, for at du selv og andre kan synes, at du er smuk.

- Overvej hvad der gør dig til *dig*, og om du har nogle unikke træk, som du elsker dig selv for. Har du tænkt over, at de ting, der adskiller os fra andre, måske er det, der gør os smukke? Poster du selfies på sociale medier, som viser dine unikke sider? Det kan være, at du har en lille/stor næse, et lille/stort modermærke under øjet, en plet på dine fortænder ... Prøver du at skjule dem, eller er du stolt af disse træk? Hvad skal der til for, at du kan vise dem frem med stolthed?

- Overvej om du elsker dig selv for den, du er. Tænker du positive tanker om dit udseende, din væremåde, din måde at anskue livet på? Eller tænker du mere over, hvordan du i stedet gerne ville se ud, og hvem du i stedet gerne ville være? Måske bliver du, lige-som mange andre, påvirket af de smukke redigerede selfies på sociale medier, og i så fald kan du overveje, om du skal logge mere af sociale medier.

- Overvej hvordan du kan ændre din adfærd på sociale medier, så du i stedet for at bruge flere timer på at scrolle gennem kendte modellers eller dine mest populære venners Instagram profiler i stedet brugte tiden online på noget, som ville gøre dig mere glad for dit udseende. Tænk selv over, hvad denne ændring kunne bestå i (og bliv ikke overrasket, hvis du ikke rigtigt *kan* bruge tid på Instagram, hvis du skal bevare dine positive tanker om dig selv. Ikke fordi du ikke er flot nok, som du er, men fordi andres billeder kan få dig til at *tro* det).

- Hvis du elsker dig selv, som du er, og ikke har problemer med at se den ene perfekte selfie efter den anden, kan du bruge nogle af ovenstående refleksioner til at hjælpe en god ven, en lillesøster eller en kæreste. Måske ved du, at der er stor forskel på deres perfekte iscenesættelse online og deres naturlige selv. Måske ved du også, at der kan være risiko for, at de ikke synes godt om sig selv uden makeup, og at de bliver meget påvirket af andres flotte selfies på sociale medier. Måske siger de dagligt til dig, at de ikke synes om deres udseende. Der kan være en sammenhæng mellem en bestemt brug af sociale medier, som billedredigering, jagten på likes og mange minutters eksponering af andres flotte billeder hver dag og denne kritiske selvopfattelse. Det kan være, at de har brug for hjælp til at se denne sammenhæng.

KAPITEL 6

I BESTRÆBELSEN PÅ AT HOLDE OS OPDATEREDE PÅ SOCIALE MEDIER, RISIKERER VI AT BLIVE SÅ AFHÆNGIGE AF DEM, AT VI IKKE KAN SE ALTERNATIVET TIL LIVET ONLINE

"Har du set hende her på Instagram? Hun er så nice, fordi hun tager kampen op imod alt det der perfekte lort! Se, hvad hun lagde op i går" Min ven viser mig instagrammerens *"røv"-tema, hvor hun opfordrer alle følgerne til at tage billeder af deres numse for at vise, at alle er forskellige og gode nok. som de er! (Ideen er jo god nok …). Jeg scroller ned gennem hendes fine profil, som på mange måder adskiller sig fra så mange andres, fordi den ikke er fyldt med trutmunde, og at blenderen fyldt med grøn smoothie er skiftet ud med nutellabøtten, ligesom løbetightsbilledet, der viser "bildækket" fremfor "faste baller".*

Men til trods for at temaet u-perfektion bombarderer skærmen, er dette projekt ikke særlig anderledes end topmodellen Nina Agdals', hvor min underkæbe bliver siddende i ét stort "wow", mens jeg scroller ned gennem hendes profil.

You wanna know why?

Fordi det er ikke uperfekt. Det er perfekt uperfekt.

Over de seneste år er der opstået en modpol til det perfekte univers på sociale medier, og det kan man særligt få øje på, hvis man ser på de instagrammere, der vil være de gode forbilleder og vise, at alle er forskellige og smukke som de er. Fortællingen er i stedet her, at ingen mennesker nogensinde har været perfekte og det er heller ikke ønskværdigt. Ingen person med et pulserende hverdagsliv med to børn har tid til at pleje sin sixpack; og hvorfor jagter vi overhovedet den perfekte krop, når den er uopnåelig for de fleste af os? Dette har de helt ret i, og jeg tror også, at det er derfor, at rigtig mange brugere af Instagram, finder det ekstremt befriende, at der er opstået en modpol til perfektionen. Det er jo en måde at nuancere indholdet på sociale medier, og det er en vigtig bevægelse. Dog er vi der ikke helt endnu, i mine øjne. For selv denne mission om at bifalde uperfektion er heller ikke naturlig, eller måske nærmere; er heller ikke idealet.

"ALTERNATIVET TIL DET EVIGE ONLINE LIV PÅ SOCIALE MEDIER MÅ VÆRE AT HIVE STIKKET OG INDSE, AT VI IKKE HAR BRUG FOR AT FÅ LIKES OG KOMMENTARER PÅ ALT, HVAD VI FORETAGER OS. HVERKEN PÅ VORES PERFEKTE ELLER UPERFEKTE KROP"

I min research af denne modpol er jeg blevet overrasket over, at mange profiler stadig har nogle bestemte karakteristika over sig. Jeg har lagt mærke til, at mange af billederne stadig er præget af det perfekte look, som der er over Instagram: De forskellige farver matcher, makeuppen er pænt tværet ud, de misdannede kager står på et meget smukt skærebræt, mens den væltede plante "tilfældigvis" ligger foran en virkelig flot billedvæg. På et billede, som særligt fangede min opmærksomhed, ser man instagrammeren le ind i spejlet med en grøn ansigtsmaske på. Kronen på værket er manden, som står i baggrunden; hans overkrop er helt nøgen og fyldt med veltrimmede mavemuskler.

Øv. Jeg havde ellers lige hængt min dårlige samvittighed i entreen. Måske har jeg bare været uheldig i de profiler, som jeg har set. Måske er det langt fra alle, der er en del af denne modpol, som stadig har det perfekte lys ind over deres profiler. Det har bare slået mig, at på trods af, at formålet er at vise, at vi alle er gode nok, som vi er

– så ser det ud til, at denne uperfekte iscenesættelse også kræver en hel del billede-opstilling og udvælgelse.

Som jeg har været inde på, er det jo helt naturligt, at vi udvælger og iscenesætter dét, som vi ønsker at fortælle med vores billeder. Men er uperfektion ikke netop et begreb, der burde være dækkende over, at vi ikke burde opstille vores billeder, fordi et billede ikke behøver at være nøje udvalgt, når virkeligheden er god nok som den er? Hvorhenne i alt dette hårde arbejde på at fremstille sit liv gennem opstillede billeder, adskiller denne sang sig fra den, vi kender så godt om perfektion? Jeg kunne forestille mig, at modpolen til perfektionen kan forårsage et lige så højt stressniveau, så hvori består forskellen, om vi bruger døgnets 24 timer på at iscenesætte os selv som hende den perfekte, eller om vores nye mål er at bekæmpe det og derfor har en ny dagsorden, der hedder uperfektion? Jeg mener derimod, at vi skal prøve helt at stoppe med at iscenesætte os selv. Og ja du læste rigtigt – som i; *helt* at stoppe.

Jeg ved godt, at jeg er urimelig kritisk – for er den uperfekte modpol ikke alternativet til det perfekte? Det er det måske nok rent bogstaveligt, men det er ikke det alternativ, jeg vil frem til. Alternativet til det evige online liv på sociale medier må være at hive stikket og indse, at vi ikke har brug for at få likes og kommentarer på alt, hvad vi foretager os. Hverken likes på vores perfekte eller uperfekte krop.

Som mennesker har vi brug for at kunne "like" os selv uafhængigt af, hvor mange virtuelle likes vi kan få på sociale medier. Lærer vi at elske os selv for dem vi er, vil det give os en selvtilfredshed, der rækker langt højere, end den anerkendelse andre kan give os i form af en lille blå tommelfinger eller et rødt hjerte. Oprigtig selvkærlighed og det virkelige liv udenfor skærmen er alternativet til den perfekte selviscenesættelse på sociale medier. Jeg tror bare, at vi har glemt det i al skærmtiden, som efterhånden er så tilgængelig via vores telefoner, at vi simpelthen ikke lægger mærke til, at den sluger vores tid som en lille svamp – og at vi måske endda bruger lige så meget tid på skærmen, som vi gør uden for den. Mange vil måske instinktivt ryste på hovedet over, at jeg kan være imod, at man "lige tjekker" en Messenger-besked, scroller ned over startsiden på Facebook, eller tjekker hende, man følger på Instagram et par gange om dagen – *det tager jo bare et øjeblik.* Men gør det nu også det?

AT FALDE I MED BEGGE BEN

Som jeg har været inde på, er vi mange, der har indset at vores skærmforbrug har nået et højdepunkt. Desuden har jeg også fokuseret på, at der er mange informationer på sociale medier, som vi går glip af, hvis vi ikke tjekker det regelmæssigt – og det er både de mere overfladiske sider af vores liv, ligesom det er nogle af de vigtigste. Man kan blive helt i tvivl om, hvorvidt vi kan leve uden disse informationer: Tænk, hvis vi gik glip af, hvem der venter sig til sommer, klassekammeratens nye profilbilleder, eller fodboldkammeraternes nye sejrsvideo, fra den kamp, som vi ikke kunne være med til! (ja, jeg gentager mig selv, jeg ved det godt – men vi mennesker har ofte en lang erkendelsesproces, så der er en mening med at opsummere lidt).

"I DET SEKUND VI MÆRKER, AT VI IKKE 'ER MED', VIRKER DET PLUDSELIG SOM OM, AT VI IKKE HAR ET FRIT VALG OM, HVORVIDT VI ØNSKER AT FØLGE MED; DET GØR SIMPELTHEN FOR ONDT AT BLIVE EKSKLUDERET"

Men det er jo som sådan bare en simplificering af problemet, fordi det er jo ikke frygten for reelt set at gå *glip* af nyhederne, der gør, at vi tjekker sociale medier hele tiden. Vi vil jo med tiden finde ud af det. Det bygger nærmere på frygten for den eksklusion, som vi vil opleve, hvis vi ikke *ved,* hvad de andre snakker om. Jo yngre vi er, desto mere reel er frygten for at blive ekskluderet fra vennernes igangværende samtale eller chat. Hvor cool er man lige, hvis man skal spørge ind til alt sladderen med startsætningen: *Åh, det har jeg ikke set, hvad er jeg nu gået glip af?*

Så for unge er det måske en altødelæggende katastrofe ikke at være 110 pct. opdateret på sociale medier, ligesom det samme gør sig gældende for nogle voksne, fordi vennerne deler enormt meget på Snapchat eller over en bestemt tråd på Messenger.

Da jeg gik på universitetet, oplevede jeg selv at blive ekskluderet fra en del af det sociale, der foregik i min vennegruppe. Jeg kunne bare ikke følge med i det hele, og følte mig ekstremt stresset over både at skulle være en god studerende, have de rigtige antal frivillige jobs og samtidig følge med i det fællesskab, min omgangskreds havde på sociale medier.

Så jeg slettede Snapchat på min telefon.

Det gav mig en helt anden ro, men jeg måtte også ærgerligt erkende, at jeg havde afskåret mig selv fra den kontakt, som mine veninder havde gennem de billeder, som de sendte til hinanden. Det gjorde mig ked af det, og jeg følte mig alene. De hyggelige små ting, som mine veninder delte, kunne jeg pludselig ikke være en del af, og sådan er det faktisk stadig i dag. Mine veninder sender ofte billeder rundt på Snapchat af deres små børn eller dele af den renoveringsproces, som de har været igennem med deres drømmehus; alt sammen små detaljer, som jeg ugentligt går glip af.

Så jeg forstår godt, hvorfor mange unge er desperate for at holde sig opdaterede om, hvad der sker på sociale medier. I det sekund vi mærker, at vi ikke "er med", virker det pludselig som om, at vi ikke har et frit valg om, hvorvidt vi ønsker at følge med; det gør simpelthen for ondt at blive ekskluderet. Det er bare en skam, at det er gået så vidt, fordi vi undergraver muligheden for at få en pause fra skærmen og alle de ting, som vi oplever, at vi skal følge med i.

Bevæggrundende for at holde os opdaterede er dermed reelle, hvis vi tænker på den sociale eksklusion ovenfor. Hvis man ser på menneskers evolutionære baggrund, kan jeg også godt forstå, at vi ikke kan modstå fristelserne om at følge med, når vi nu *kan*. Det er jo bare at tage vores telefon, som er inden for en radius af max en meter (hvis man ligner det gennemsnitlige digitale menneske). Jo flere gange vi kan snuppe den i løbet af dagen, desto mere holder vi os opdateret, og desto mere kan det se ud, som om vi højner vores sociale overlevelsesevne. Det er faktisk så nemt, at vi ikke kan lade være, og det er der flere grunde til. En af dem er blandt andet, at notifikationerne fra diverse apps er designede til at vække vores instinkter (dette har du sikkert hørt utallige gange efterhånden: *De er skabt til at gøre os afhængige af dem!*). Det høje *pling* taler ikke ligefrem til vores rolige ræsonneringssystem, der giver os mulighed for at *opfange*, at der er sket noget på sociale medier, men reflekterer over, at vi kan *vælge* at vente med at tildele dette vores opmærksomhed, indtil vi har tid. Hvis vi har fravalgt at have lyd på notifikationerne fra diverse apps, er dette slet ikke et problem, fordi vi ikke hører notifikationen. Men mange af os har ikke slået dem fra, og derfor reagerer vores hjerne instinktivt på det.

På trods af, at de kommer en lyd, er det dog langt fra en selvfølge, at der er sket noget vigtigt, der er rettet mod os. Notifikationer kan lige så vel være en meddelelse om, at en eller anden har kommenteret på en eller anden andens opslag om noget, der slet ikke behøver at forstyrre os midt i arbejdet en fredag morgen. Men notifikationer er insisterende, fordi der er jo ikke kun en høj lyd, vi bliver forstyrret af. Der kommer også et lille felt op på vores telefon eller computerskærm om, at "Ane har kommenteret på Victors annonce på Marketplace vedrørende hans cykel; Mustang-Vintage-1998", hvilket er vildt forstyrrende for vores hjerne, der er skabt til at reagere på de sanseindtryk, den får.

Hvordan skal vores hjerne vide, at det ikke er *nødvendigt* at forholde sig til e-mailen fra SAS om, at vi har et brændende behov for at komme på et weekend get-a-way til Edinburgh, eller nyhedsnotifikationen om, at der er splid i Venstre, eller snaps fra de første tre venner, der keder sig?

Vi når slet ikke at *vurdere*, hvorvidt vi har tid til at forholde os til den indkomne stimulus, eller om vi ønsker at fortsætte uforstyrret med det, som vi er i gang med. Hvis vi gerne vil nå at have tid til at vurdere, om vi vil vælge at forholde os til de input, der kommer, så kan det være nødvendigt at lave sine egne restriktioner, så man fjerner forskellige apps på sin telefon. Det vil vi se på i kapitel syv.

"SELVOM DET IKKE BURDE VÆRE LIVSNØDVENDIGT FOR OS AT FØLGE MED PÅ SOCIALE MEDIER, OPFANGER VORES HJERNE DET SOM LIVSNØDVENDIGT"

En meget anerkendt psykolog ved navn Daniel Kahneman har lavet en teori, der omhandler vores måde at ræsonnere på og den indbefatter to systemer. Det ene system bygger på vores intuitive måde at tænke på, mens det andet fordrer en mere bevidst gennemtænkning. Han kalder hans bog for: *At tænke hurtigt og langsomt* (2014), og tankegangen er en god metafor for vores brug af sociale medier[24]. Bruger man hans teori, vil man kunne betragte vores vaner på sociale medier med, at de i alt for høj grad er præget af vores ubevidste "hurtige" system frem for vores fornuftige "langsomme" system. I stedet for at tage bevidste valg om, hvorvidt vi vil tilgå medierne, får de lov til at rive os ud af det, som vi var i gang med, og vi lader ubevidst vores nysgerrighed følge med. Vi falder altså i med begge ben!

For mange af os tilgår vi sociale medier uden at vi lægger mærke til det, og måske kan årsagen hertil skyldes, at vi er blevet så vant til at leve i et hurtigt tempo. På alle andre områder i vores liv skal vi finde mening og optimere vores tid efter bedste evne, og måske er det slet ikke så mærkeligt, at sociale medier er dén del af livet, der har fået lov til blot at være det rum, hvor vi ikke behøver at tage stilling.

Jeg tænker nogle gange over, om jeg egentlig har nok tid til de ting, som jeg elsker i min hverdag, eller om livet bare ruller afsted dag for dag, med alt det jeg tror, at jeg selv har bestemt at jeg vil lave. Mon vi ville have mere tid til os selv, hvis vi sagde farvel til sociale medier for en stund (eller for evigt), eller bare besluttede os for at tage magten over dem frem for at lade dem styre dele af eller hele vores hverdag? Der er en væsentlig forskel i, hvorvidt vi tager bevidste og velovervejede valg i vores hverdag, eller om vi er styret af vores intuitive dømmekraft – hvis sidstnævnte er tilfældet, kan meget af vores tid glide ud i sandet...

Selvom det ikke burde være livsnødvendigt for os at følge med på sociale medier, opfanger vores hjerne det som livsnødvendigt. Det gør den, fordi den er skabt til at fungere i et miljø, hvor der var langt færre indtryk at forholde sig til, og derfor kunne den overskue det hele. Derfor *tror* den, at den skal blive ved med at overkomme det hele. Men kan vi det?

Førhen kunne vi måske godt nå at følge med i vores venner og families liv, fordi det ikke var *alles* liv, som vi skulle følge med i, men netop blot dem. I dag har vi reelt set mulighed for at følge med i alles liv, men i forsøget på at gøre det, er den mest naturlige reaktion, at vi bliver udmattede. De fleste af os har nok bildt sig selv ind, at vi undgår stress ved netop at holde os opdaterede, mens andre slet ikke har taget stilling til dette. Men virkeligheden er måske det direkte modsatte. Vi kan netop få stress af at jonglere med så mange bolde i luften. Men vi opdager det dybest set ikke, fordi vi er så vant til, at vi i døgnets (optimalt) 16 vågne timer kører derud ad i et ekstremt højt tempo. Er vi blevet så afhængige af vores telefoner og adgangen til verden, at vi slet ikke kan se det? At vi glemmer at iagttage, at vores telefon og (måske) sociale medier fylder mere, end vi har givet dem lov til, og at vi rent faktisk kan vælge at bruge vores dyrebare tid på andre ting?

AT GØRE SIG UAFHÆNGIG

Selvom hjernen er skabt til at trives i et helt andet miljø, betyder det ikke, at vi er dømt til at få stress af et overdrevent brug af vores telefoner, for vi kan jo heldigvis bare skabe nogle andre og bedre vilkår for vores hjerne, end dem du og jeg måske har givet den i dag. Vores hjerne er et forunderligt organ, og i modsætning til vores artsfæller er det helt særlige ved mennesker, at vi kan være *opmærksomme* på vores egne tankeprocesser. I fagsprog kaldes denne evne for *metakognition,* og det er den egenskab, der gør, at vi kan reflektere over vores egne tanker, og det er dén, vi skal have fat i[25]. Vi er nemlig ikke dømt til at gøre, som vi gør, bare fordi vores vaner driver os i en uhensigtsmæssig retning, som de måske har gjort længe.

I modsætning til en sulten løve, som i høj grad er styret af dens instinktive drifter, kan vi rent faktisk træffe valg baseret på den viden, vi hver dag indsamler i vores liv. Derfor kan vi rette blikket mod os selv velvidende, at hvis vi skal se nye resultater i vores hverdag, så skal vi træffe andre valg. Men disse valg bliver ikke truffet af vores hjerne, mens vi er på sociale medier og plejer vores sociale image. Disse valg kan vores hjerne ikke udelukkende tage for os. Den kan hjælpe os med at fuldføre arbejdet, når vi har valgt at reagere på den nye viden, som vi har indsamlet, men det er ikke hjernens opgave at sortere mellem de utallige notifikationer, som vi dagligt ænser på vores telefon. Det kræver et samarbejde mellem vores hjerne og resten af kroppen. Nok er det vores hjerne, der sender signaler rundt til resten af kroppen, men hvis vores fingre altid reagerer automatisk på at snuppe vores telefon, hver gang den kalder på os – så er hjernen virkelig på arbejde. Den kan altså ikke gøre det alene.

'FOR NOGLE ER BRUGEN AF SOCIALE MEDIER LIGE SÅ AFHÆNGIGHEDSSKABENDE SOM NIKOTIN, FORDI JAGTEN EFTER LIKES UDLØSER DOPAMIN I VORES HJERNE OG HURTIGT BLIVER EN AGENDA, DER FÅR SIN EGEN DAGSORDEN OG STYRESYSTEM'

Måske sidder du ovenikøbet med din telefon i hånden lige nu, fordi der lige kom noget, som du skulle reagere på? Jeg ved godt, at det er svært! Men du er nødt til *bevidst* at vælge den fra, hvis du skal skabe nye vaner.

Men kan vi så bare stoppe? Slette alle vores profiler på sociale medier, købe en gammel Nokia 3310, og kun ringe til vores venner, når vi vil dem noget? Det kan vi jo godt, fordi det er der nogle, der vælger at gøre og lykkes med. Men mange af os, som bruger sociale medier mere end to timer om dagen, vi kan ikke bare lige slette samtlige apps på vores telefoner. Det vil jo netop føre til den eksklusion, som jeg var inde på i ovenstående afsnit. Det ville blive lettere, hvis alle vores nærmeste venner også gjorde det, fordi så ville vi alle være i samme båd. Men dét tror jeg ikke, at vi skal regne med bliver en realitet, bare sådan lige fra den ene dag til den anden.

Jeg tror, at det er lige så uhensigtsmæssigt at trække sig spontant fra sociale medier efter at have været konstant online, som at tage cigaretterne fra en storryger. Det er ikke en proces, man skal give sig i kast med over én nat, men noget man gradvist kan arbejde henimod. For nogle er brugen af sociale medier lige så afhængighedsskabende som nikotin, fordi jagten efter likes udløser dopamin i vores hjerne og hurtigt bliver en agenda, der får sin egen dagsorden og styresystem.

Dette er, som mange andre pointer i denne bog, lidt sat på spidsen. Men det er relevant at tage det faktum alvorligt, at mange af os bliver ude af stand til at styre vores sociale medie-vaner.

For mange vil det måske blive en hård kamp. Men hvis du er en af dem, der føler, at der er færre timer i døgnet til at være nærværende med din kæreste, dine venner eller børn, eller til blot at tænke positive tanker om dig selv, kunne det være værd at overveje, om du skal ændre nogle vaner og omlægge din tid i løbet af dagen. Omvendt kan du måske være i tvivl om, hvad der er godt for dig. Hvordan kan du vide, om du vil få mere glæde tilført i dit liv, hvis du omlagde dit Instagram-brug fra fire timer om dagen til 15 minutter? Dette vil måske virke som den værste idé overhovedet, fordi du rent faktisk er *vild* med alle de smukke billeder, du kan fremvise på din Instagram profil eller de lækre indretningstips, opskrifter og modestyles, du kan få ved at følge bestemte personer – og det forstår jeg godt. Som menneske er vi skabt til at fænges ved skønhed, så dette univers er som et mekka! Vi er også skabt til at søge social anerkendelse og blive oprigtigt glade, når andre mennesker siger noget sødt til os og generelt kan lide os. Så selvfølgelig er vi vilde med at få kommentarer og likes på alt fra noget, der har krævet en minimumsindsats til et større indretningsprojekt på vores nye badeværelse (som vi selvfølgelig tog 35 billeder af, før vi var tilfredse). Derfor siger jeg ikke, at vi kan sætte lighedstegn mellem hele dette forskønnede univers og så en indre følelse af tomhed og utilstrækkelighed. Men problemet kan bestå i, at jo flere likes vi får, dets flere likes begynder vi at tro, at vi har *brug* for, for at kunne synes godt om os selv. Vi bliver nemlig påvirket af sociale medier.

'FLERE OG FLERE UNGE DUKKER OP I MEDIERNE OG FORTÆLLER OM, HVOR HÅRDT DET ER AT LEVE OP TIL DET PERFEKTE IMAGE PÅ SOCIALE MEDIER, OG KONKLUSIONERNE ER IKKE, AT DE STORTRIVES - TVÆRTIMOD'

For mange unge er dette måske blevet en virkelighed, og har været det længe: At man ikke synes, at man er smuk uden makeup eller pæn nok uden det rigtige tøj, at man ikke har de rigtige møbler, eller at man ikke siger de rigtige ting, når der bliver kastet med jokes på et loftshøjt intellektuelt niveau blandt gutterne. Man er bare for kedelig og gennemsnitlig.

Jeg tror ikke, at det vil være alt for dristigt at påpege, at flere nok har disse tanker om sig selv i dag, end for 20 år siden, fordi vi dagligt bliver eksponeret for billeder, der ikke er domineret af gennemsnitlige træk. Sandheden er jo nok også at de fleste mennesker er ret "gennemsnitlige", det ligger ligesom i ordet. Men problemet er, at det er blevet u-ønskværdigt, fordi det ikke er dét, man tiltrækker likes på. Der er dog ikke noget galt i at være gennemsnitlig, og vi alle er lige meget værd, uanset om vi er aktive instagrammere med trutmunde og rosenrøde modelbilleder fra diverse strande.

"BRUGEN AF SOCIALE MEDIER KAN DERFOR VÆRE ÅRSAG TIL, AT VI MÆRKER ET TOMRUM, FORDI DE BARE IKKE KAN OPFYLDE VORES BEHOV FOR ANERKENDELSE, KÆRLIGHED OG NÆRVÆR. DETTE TROR JEG, ER UAFHÆNGIGT AF, OM VI MANGLER LIKES PÅ SOCIALE MEDIER, ELLER OM VI FÅR DEM I OVERFLOD"

Det er dog vildt svært som ung *ikke* at lave den profil på Instagram, da platformen muliggør, at vi kan få opfyldt vores modeldrømme og måske endda få mere anerkendelse, end vi ville have fået ved "blot" at være slået igennem som model hos et rigtigt bureau. Når jeg scroller instagram profiler igennem, hvor alt ser perfekt ud, bliver jeg helt ked af det på deres vegne. Jeg kan simpelthen ikke forestille mig, at alt denne positionering påvirker den måde, de ser sig selv på uden makeuppen, i en positiv retning.

Da jeg for nogle år siden opgav min modeldrøm, efter flere afslag ved bureauerne, brugte jeg et godt stykke tid på at komme frem til, at jeg var smuk nok, som jeg var. Jeg følte uden tvivl ikke, at jeg var lige så smuk som min gymnasieveninde, der slog igennem som model, da hun var 18 år, så hvordan skulle jeg overbevise mig selv om, at jeg var pæn nok?

Set ud fra en psykologisk synsvinkel er det en modningsproces, de fleste skal igennem i løbet af deres ungdom –måske tager det endda en del af voksenlivet også, og for nogle hele livet – at finde frem til en accept af, at man er som man er, og at det er godt nok. Jeg frygter, at de mange unge, der hele tiden holder den smukke iscenesættelse i gang på sociale medier, ikke får lov til at arbejde med deres accept af at være gode nok, som de er. Som menneske bliver vi nødt til at kunne elske os selv uden makeuppen og uden alt denne glamour, for ellers afhænger vores selvkærlighed af, hvor mange likes vi får på sociale medier.

Man kan frygte, at vi som samfund overser, hvilken bagage unge, og især piger, på sociale medier kommer gennem ungdommen med. Er de klar til at se voksenlivets udfordringer i øjnene? Har de opbygget et solidt selvværd, eller bygger det på urealistiske likes baseret på en redigeret virkelighed? Og i så fald; er det holdbart? Måske overser jeg væsentlige pointer. Måske har mange af disse piger meget højt selvværd *netop* pga. deres Instagram profil, og muligvis er det alle dem, der står udefra og kigger ind, der bliver selvkritiske. Men de psykologiske undersøgelser, som jeg har refereret til gennem bogen, viser noget andet[26]. De viser i stedet, at unges selvværd kan komme til at afhænge af det antal likes, som de får på deres næste billede, og derfor konstant bliver påvirket af deres aktivitet på sociale medier. Flere og flere unge dukker op i medierne og fortæller om, hvor hårdt det er at leve op til det perfekte image på sociale medier, og konklusionerne er ikke, at de stortrives – tværtimod. Et eksempel på denne tendens er forhenværende Little Mix-medlem Jesy Nelson, som afslørede i sin dokumentar *BBC Special: Odd One Out* (2019), at hun forsøgte at tage sit liv efter massiv onlinemobning og følelsen af aldrig at være god nok[27]. Dokumentaren er nu anbefalet som undervisningsmateriale i britiske skoler. Undersøgelserne og tendensen med at zoome ind på den sårbarhed, der er gemt under spejlbilledet af denne perfekte selviscenesættelse, fremhæver vigtigheden af, at vi mennesker har brug for en mere holdbar løsning til at få opfyldt vores behov for anerkendelse, end gennem sociale medier.

Vi kan også spørge os selv om, hvilke konsekvenser det har, hvis sociale medier bliver brugt til at få dækket et indre behov for anerkendelse og et socialt behov for nærvær?

I en undersøgelse bragt på videnskab.dk i 2020, anslås det, at mennesker har deres telefon i hånden i mere end tre timer om dagen, og at superbrugere rører ved den mere end 5.000 gange dagligt[28]. At vi rører flere gange ved sociale mediers overflade på vores telefoner, end vi rører ved vores familie og venner dagligt, er vel i sig selv tankevækkende nok til, at vi bliver nødt til at iagttage vores digitale vaner på sociale medier og overveje kraftigt, hvorvidt vi bør gøre os mere uafhængige. Brugen af sociale medier kan derfor være årsag til, at vi mærker et tomrum, fordi de bare ikke kan opfylde vores behov for anerkendelse, kærlighed og nærvær. Dette tror jeg, er uafhængigt af, om vi mangler likes på sociale medier, eller om vi får dem i overflod.

TÆND FOR DIN BEVIDSTHED

- Start med at overveje om du, ligesom mange andre, er blevet en anelse afhængig af at tjekke sociale medier. Hvor mange gange gør du det i løbet af en dag, og hvordan gør du det? Er det de samme, du tjekker hver dag, og på samme måde, eller er det lidt tilfældigt? Måske er du allerede begyndt at registrere, når du er ved at logge på, men stopper dig selv i det for at tage et bevidst valg? Det er helt okay, hvis du ikke er. Det er også et sejt skridt på vejen, hvis du er begyndt at gøre det, og tog dig selv i det to gange i går, men glemte det de 15 andre gange, du trykkede på appikonerne på din telefon. Forandring tager vitterligt tid! Det kræver enormt meget af vores opmærksomhed at rette blikket mod denne handling, fordi den er så indgroet i vores vaner.
- Overvej om du forholder dig til de notifikationer, som dumper ind på din skærm, eller om du blot trykker på dem instinktivt og dermed logger ind på sociale medier. Dette kan du gøre ved at spørge dig selv, om det er vigtigt, at du forholder dig til dem nu, eller om du skal vende blikket væk og fortsætte med det, som du

var i gang med. Tit glemmer vi, at vi rent faktisk var i gang med noget andet.

- Overvej hvordan det påvirker dig at følge med på sociale medier. Stresser det dig? Eller giver det dig glæde, fordi du følger med i dine venners liv? Følger du mennesker, som du kender, eller bruger du mest tid på at tjekke influencere og kendte? Den adfærd, vi udøver på sociale medier, har en indvirkning på, hvordan vi bliver påvirket.
- Overvej om du har nok "magt" over sociale medier, eller om de har mere "magt" over dig. Hvis sidstnævnte er tilfældet for dig, kan du overveje, om det ville bidrage med noget meningsfuldt til dit liv, hvis du begyndte at overtage magten over *dem*. Suger de din tid, eller har du nok tid i livet udenfor skærmen? Har du formået at indrette en hverdag ud fra hvad, der gør dig glad og giver dig værdi, eller er din dag styret af ubevidste vaner?
- Overvej om du har en profil på sociale medier, fordi du føler, at du skal holde en fortælling i gang om, hvor smuk, populær og glad du er. Overvej om du samler på likes, fordi du har brug for dem for at "synes godt om" dig selv. Måske har du en profil på sociale medier, fordi "det har man", og måske samler du på likes, fordi "det gør man". Men overvej hvad det gør ved *dig*.
- Overvej hvad din profil viser. Er du en af dem, der har lavet dit "filter" om fra perfekt til uperfekt? Så er mit håb med dette kapitel, at du vil overveje *hvorfor* den viser den uperfekte side i stedet for den perfekte, og om den er decideret uperfekt, eller om du også bruger meget energi på at iscenesætte denne fortælling. Hvis den uperfekte side, for dig, er en modpol til perfektionen, er det sejt, at du er gået væk fra strømmen om trutmunde og poseringer på en hvid sandstrand. Men overvej alligevel, om du har brug for helt at stoppe med at iscenesætte dig selv, og hvad det ville gøre for dig og dit liv.

KAPITEL 7

SÅDAN LOGGER DU AF SOCIALE MEDIER
OG PÅ LIVET UDENFOR SKÆRMEN

Jeg er lige logget af Facebook. Jeg har lukket 11 internetbrowsere med alt fra Pinterest til forskellige webshops, og efter mange scrol ned af Facebooks startside og gennemgangen af et par Instagram profiler, var jeg nødt til at lukke øjnene. Jeg kan mærke en fornemmelse af træthed omkring panden og toppen af hovedet. Mine øjne er ømme af at fokusere skarpt på skærmens kraftige hvide lys. Det er som om, at jeg slet ikke har bemærket det konstante arbejde, de har været på i de sidste 50 minutter, hvor jeg har gennemsøgt nettets farverige billeder og strømme af forskellig tekst.

Jeg bliver pludselig helt ør i hovedet og træt. Træt af at se på flot indretning, flotte profilbilleder og ligegyldige opslag om alt fra fødselsdagskage til annoncer for afdragsfrie lån! Træt af at forholde mig til flere tusinde forskellige indtryk.

Det har ligget der hele tiden i mit baghoved, men jeg har ikke reageret på det: Luk nu ned for det og hvil dig på sofaen i stedet for. Du har en halv time for dig selv, men alligevel vælger du at surfe rundt på nettet, fordi du "bare lige" mangler to minutter mere. To minutter, som nemt bliver til 50 minutter.

Jeg kaster hovedet ned på puden, som ligger ved siden af mig i sofaen, og mærker roen sænke sig en smule. Det er en rar følelse af at blive "afskærmet" fra omverdenen efter at have surfet forvildet rundt på nettet. Puden er en smule kølig, og det er som om, at den vækker små dele af mit ansigt til live igen (jeg kan faktisk mærke mine kinder! Hvornår har jeg sidst skænket dem en tanke?). Jeg bliver opmærksom på, at jeg har rettet blikket indad i modsætning til ud mod resten af verden, og det føles faktisk beroligende. Hvor har jeg haft mine tanker henne de sidste 50 minutter? Har det tilført noget godt til min krop, eller har det blot drænet mig for energi?

Måske kan du nikke genkendende til noget af beskrivelsen ovenfor, eller måske tænker du, at jeg burde bestille en tid hos min læge, fordi det må da bestemt være unormalt at blive så påvirket af at gå på nettet! Hvis du kan relatere til ovenstående, har du måske tænkt løbende gennem bogen, at det faktisk ikke ville være så tosset at begynde at holde små pauser fra sociale medier. Du havde bare ikke indset, at det faktisk ville være godt for dig før nu. Det kan også være, at du er en af dem, der rigtig gerne *vil* holde en pause fra sociale medier, men som gang på gang har oplevet, at dine fingre alligevel fører dig derind – og du må ærligt talt konstatere, at det føles tæt på umuligt at ændre dine indgroede vaner. Det kan også være, at du er en af dem, der stortrives i et liv fyldt med sociale inputs fra venner og resten af verden og faktisk ikke sammenligner dig med andres billeder, men elsker dig selv for den, du er. I så fald synes jeg, det er totalt flot klaret, fordi det kræver vedholdenhed at påminde sig selv om det, når vi hele tiden bliver udsat for fristelser, der kan få os til at tvivle på os selv.

Vi er jo alle sammen forskellige, og netop derfor tror jeg ikke, at sociale medier er lige problematiske for alle. Af samme grund tror jeg omvendt heller ikke, at det er lige *godt* for alle, og derfor bliver vi nødt til at finde ud af, hvordan de påvirker os og vores individuelle hverdag for at blive bevidste om, hvorvidt vi skal omlægge vores vaner, så vores liv bliver til størst gavn for os selv.

Derfor har jeg været nødt til at tage nogle bevidste valg om, hvor meget de må fylde i min hverdag. Hvis jeg ikke gør det og bevidst logger af sociale medier, oplever jeg, at min tid forsvinder fra det ene øjeblik til det andet. Jeg vil gerne prioritere, at jeg kan være til, uden hele tiden at skulle forholde mig til omverdenen på sociale medier; at være til uden at jeg skal forholde mig til, hvor godt andre ser ud og hvor meget, der rent faktisk sker derude, som jeg ikke tager del i. Det gør mig som regel i dårligt humør. Husker jeg derimod som udgangspunkt at være logget af sociale medier og logge på, når jeg har tid til at bruge et par minutter på det (fordi jeg måske skal svare en veninde på en besked eller tjekke, om det var til brunch eller eftermiddagskaffe, at vi skulle til familiefødselsdag på søndag), får jeg rent faktisk en bedre dag. En dag, hvor jeg *selv* bestemmer, hvilket indhold, der skal forme dagen, og hvor jeg kun skal forholde mig til mit eget spejlbillede i modsætning til topmodellen Nina Agdals og alverdens andre perfekte ansigter.

Hvornår havde du sidst en hel dag, hvor du ikke loggede på Facebook, Instagram, LinkedIn eller helt undgik at se de billeder, du modtog på Snapchat? Eksisterer sådanne dage i dit liv?

Er du voksen og føler at du har styr på dit liv, men kan godt se at notifikationerne fra Facebook og nyhedsmailene faktisk fylder lige rigeligt i dit liv, så er det en rigtig fornuftig start at rette din opmærksomhed mod det, som du sikkert allerede har gjort. Når det kommer til stykket, er meget af vores online aktivitet styret af vores vaner og dermed er de altså nogle automatiske handlinger, som har øvet sig i mange år på at blive så flittige tidsrøvere. Vi har dog et valg, og det er muligt for os at skabe nogle nye og mere hensigtsmæssige vaner fremadrettet.

Er du ung og finder det en smule håbløst at begynde at logge af TikTok og Instagram, og kan du slet ikke overskue, hvordan du skal lade være med at tjekke og besvare alle de utallige Snaps, du modtager dagligt, så har du min fulde forståelse. Det er virkelig hårdt at skulle følge så meget med, og jeg ved, at man går glip af en masse, hvis man ikke tjekker det. Udfordringer er der nok af, når man er ung, så du kan med fordel lade være med at melde dig ud af hele det digitale fællesskab på én gang, for det vil nogle af de andre nok finde underligt, og så har du endnu en udfordring – jeg har selv været der. Vejen frem er måske nærmere at starte med ét socialt medie og gradvis få mere kontrol over dem alle. Når alt kommer til alt, er det dig som menneske, der skal have mest kontrol over dem og ikke omvendt. Husk på, at det er *dit* liv.

'VI SKAL DOG HUSKE, AT DET STADIG KRÆVER VORES ENERGI AT HAVE GANG I SYV FOR-SKELLIGE MESSENGER-TRÅDE DAGLIGT, OG DET ER VEL IKKE FORVENTELIGT, AT VI KAN VÆRE I DET OG VÆLGER AT PRIORITERE DET?'

Som vi var omkring i kapitel et, har jeg selv erfaret, at mine telefonvaner havde mere magt over mig, end jeg over dem. I en periode efter at vi flyttede til Silkeborg, var der mange nye Messenger-ansigter, der poppede op på min startskærm dagligt. Men selvom jeg var glad for at lære nye mennesker at kende, forstyrrede det mig helt enormt. Jeg nåede, efter kort tid, til den erkendelse, at jeg ikke kunne nå at holde kontakten vedlige med alle dem, som jeg gerne ville, fordi jeg ikke engang syntes, at jeg havde tid til at sidde stille med en bog, eller blot kigge ud ad vinduet (vores søn var et år på daværende tidspunkt, så dér har du én af årsagerne til den manglende tid). Jeg tror dog ikke, at jeg er den eneste, der har oplevelsen af at have mange sociale kontakter, som man skal holde kontakten ved lige med på sociale medier. Det er vel forståeligt, eftersom det er blevet så nemt at holde denne kontakt. Vi skal dog huske, at det stadig kræver vores energi at have gang i syv forskellige messenger-tråde dagligt, og det er vel ikke forventeligt, at vi kan være i det og vælger at prioritere det?

'VI HAR BEDST SUCCES MED AT FORANDRE OS, HVIS DET ER DET, VI SELV GERNE VIL, FREM FOR AT DET ER VORES FAMILIE ELLER VENNER, DER ØNSKER, AT VI STOPPER MED AT BRUGE VORES TELEFON KONSTANT'

Hvis du også oplever, at du bliver stresset af at være social på sociale medier, kalder det måske på, at du bør forholde dig til, hvordan du bruger sociale medier. Alle de gode ting ved sociale medier forsvinder nemlig ikke, hvis vi begynder at logge mere af. Vi kan jo altid logge på igen, når vi oplever behovet, og det har været rigtig godt for mig. Udfordringen herved kan dog være selv at vide, hvornår man har brug for en pause fra skærmen. Men det er noget, man kan øve sig i at blive god til, og det kan vi alle sammen lære.

En måde at begynde den læringsproces, kan være, at du lægger mærke til, hvordan dit brug af sociale medier påvirker dine tanker, følelser og din krop. Jeg har selv lært at mærke på mine øjne, hvornår jeg har brugt for lang tid på en skærm, og for mig er det en vigtig indikator for at tage en pause. Hvad mon din krop fortæller dig?

Efter at være begyndt at registrere mine tanker, erfarede jeg også, at det ikke var sundt for mig at logge på Instagram. Efter ganske få minutter var mine automatiske tanker dybt selvkritiske; før jeg vidste af det, sad jeg med tanker om, at jeg ikke var halvt så smuk som dem på billederne, og det gav mig en virkelig trist følelse. Hvad fortæller dine tanker og følelser dig?

Dybest set er det vigtigste at finde ud af, om sociale medier har en negativ indvirkning på dine tanker om dig selv og dit liv generelt, eller om de påvirker dig i så lav grad, at du sagtens kan bruge dem uden bekymring. Hvis de har en negativ indvirkning på dig, er du nødt til at lukke øjnene for, at dine venner muligvis ikke er nået til samme konklusion endnu, og stadig er på sociale medier tre til fire timer om dagen. Selvfølgelig skal du være en del af fællesskabet blandt dine venner, men det allervigtigste må være, at *du* har det godt. Bare dét at skære sit skærmbrug ned fra fire til to timer, gør en forskel, og det kan være en start.

Hovedmotivationen bag denne forandring i vores liv skal være, at vi ønsker forandring. Som Walter Mischel, en verdenskendt psykolog, der har forsket i selvkontrol, pointerer så fremragende i bogen: *Skumfidustesten* (2015) til spørgsmålet om, hvorvidt vi som mennesker kan forandre os: *Er det dét, du gerne vil?*[29]. Vi har bedst succes med at forandre os, hvis det er det, vi selv gerne vil, frem for at det er vores familie eller venner, der ønsker, at vi stopper med at bruge vores telefon konstant. Hvis vi selv ønsker at forandre vores liv, har vi det, der skal til. Vi evner alle sammen selvkontrol. For nogle af os, skal den måske bare trænes lidt. Mischel foreslår en måde, hvorpå vi kan øve os og skabe en øget selvkontrol. Det gør vi ved at lave små *hvis-så-planer*. De kunne eksempelvis se sådan ud: *"Hvis* jeg hører en notifikation fra min telefon, *så* vil jeg lade være med at se på den"*, eller: *"Hvis* jeg scroller rundt på Instagram og bliver trist over, at jeg kommer til at sammenligne mig med andres smukke billeder, *så* vil jeg logge af omgående og minde mig om, at mange billeder er særligt udvalgte eller redigerede". Ved at indøve forskellige *hvis-så-planer,* hjælper vi os selv med at skabe forandring. Eksemplerne ovenfor kan lyde banale. Men det er jo langt sværere end som så, og det ved du nok også godt.

Gennem bevidsthed om, hvordan sociale medier påvirker os og vores liv, kan vi begynde at træffe bevidste valg omkring brugen af dem, frem for blot at lade vores vaner diktere vores brug. Problemet med vaner er nemlig, at de kører på en motor, der er drevet af autopiloten. Den stopper ikke op for at spørge os, om det er okay, at den lige styrer vores liv. Den gør det bare, og grunden til, at vi ikke sætter spørgsmålstegn ved det, er at vores vaner altid har været der i mange forskellige former – og at de er skabt til at hjælpe os.

"DET VÆSENTLIGE I MINE ØJNE ER, AT VI SKÆNKER DET EN TANKE, EFTER VI ER KOMMET TIL AT TRYKKE PÅ SKÆRMEN I KRAFT AF VORES VANER. DET ER ALT SAMMEN MED TIL AT SKABE MERE BEVIDSTHED OM BRUGEN AF VORES TELEFON"

Vores underbevidsthed overtager mange af vores daglige adfærdsmønstre for, at vi kan fokusere på andre ting, som kræver vores bevidste opmærksomhed. Derfor er meget blevet en vane for os. Mange af os har sikkert glemt, hvor grænseoverskridende det var at lære at køre bil. Men kan du huske, da du skulle tage kørekortet og måske var panisk angst for at køre ind i de andre biler eller endda ramme en fodgænger? For mange er det blevet en vane at køre i bil, hvilket er en god ting.

Men der findes også dårlige vaner som at bide negle, hvor du sidder med fingeren i munden, før du ved af det, selvom du havde besluttet dig for at stoppe. Det er som regel ikke jordens undergang, at vi tillægger os dårlige vaner. Vores negle gror jo ud igen. Men i visse situationer, såsom bilkørsel, er det vigtigt, at vi tænder for vores bevidsthed, fordi det ville være jordens undergang, hvis vores vaneprægede bilkørsel forårsagede et uheld.

Vores dårlige vaner kan dog også være problematiske for vores livskvalitet, og det er derfor, vi skal investere lidt tid i at begynde at kigge på dem. F.eks. er det et problem, hvis vi har fået en vane, der går ud på, at vi tjekker sociale medier konstant, hver eneste gang vi har en lille pause til at kunne slappe af i hovedet eller få lidt frisk luft. Fordi vores hjerne har brug for disse små pauser. Det kan endda være at sociale medier sætter gang i noget, som vi slet ikke har bemærket, fordi vi er så vant til det, og derfor giver det også mening at blive mere bevidst om vores brug.

Hele forudsætningen for at ændre vores adfærd, uanset om det er vores indgroede vaner i forhold til at bidde negle eller om det er vores brug af sociale medier, er at vi bliver bevidste omkring dem. Derfor er der brug for, at vi først og fremmest går på opdagelse i vores egen bevidsthed om, hvordan sociale medier påvirker os, før vi kan vide, hvad vi skal gøre anderledes i fremtiden. I afsnittene *Tænd for din bevidsthed* i slutningen af hvert kapitel er vi startet op på denne proces, og nu vil vi samle trådene og gå lidt mere i dybden, for så bagefter at kunne begynde at reflektere over, hvilke nye valg, der er brug for at vi træffer fremover. I det næste afsnit vil jeg derfor komme med forslag til, hvilke spørgsmål du kan stille dig selv for at få den hverdag med mere tid til dit liv udenfor skærmen. Hvis det vel at mærke, er det, som du ønsker.

Hvis du har fået rigtig meget ud af disse små afsnit, kan det være, at du ikke har brug for at læse det næste afsnit. I så fald kan du bare gå videre til afsnittet *Træf nye valg* længere fremme i kapitlet. På samme måde kan det være, at du har brug for at vende tilbage til det følgende afsnit, når du har læst bogen færdig, og netop derfor er det stillet op i punktform, så du på en overskuelig måde kan udvælge de punkter som er meningsfulde for dig.

BLIV BEVIDST

- Start med at undersøge dit forhold til sociale medier. Tag et medie ad gangen og overvej hvordan de påvirker dig. Nogle af os

vil have svært ved denne øvelse, og for os vil det give mere me-
ning at begynde denne iagttagelse løbende, når vi helt naturligt
bruger sociale medier. Jeg vil anbefale dig både at undersøge,
hvilke tanker du får, hvilke følelser du kan mærke og hvordan
din krop reagerer på dit brug af sociale medier. Når jeg snakker
om følelser kan det f.eks. være glæde, vrede, stolthed, begej-
string, tristhed, mindreværd, misundelse, jalousi, skyld, skam
osv.

- Hvis du bruger Snapchat en hel del, kan du starte med denne
  app, hvis ikke, kan du gå lidt videre. Bliver du glad, når du får
  en Snap på Snapchat eller bliver du stresset, fordi der ikke bare
  kommer én snap, men at du har modtaget ti indenfor de sidste
  fem minutter? Hvordan påvirker Snapchat dine følelser? Kom-
  mer du indimellem til at mærke, at du bliver trist, fordi du når at
  tænke; *hvorfor har de ikke spurgt om jeg ville med?* Det kan
  også være, at du mest af alt får en dejlig følelse indeni, fordi du
  har så mange gode venner, og at det er vildt dejligt at føle sig
  tæt på dem og være en del af deres hverdag, når I ikke er sam-
  men? Det kan også være, at du får en følelse af stress, fordi du
  synes, at der er alt for mange notifikationer på din telefon og
  Snapchat faktisk fylder mest. Måske, måske ikke.

- Hvordan påvirker Instagram dig, når du har brugt 44 minutter på
  at scrolle igennem flere 100 perfekt iscenesatte billeder? Hvilke
  tanker sætter det i gang hos dig? Hvilke følelser får du og kan
  du mærke noget i din krop? Måske kan du mærke, at din mave
  snører sig sammen, eller måske kan du mærke at dine kinder er
  ved at springes, fordi du smiler så meget.

  Måske har du endda brugt fire timer på Instagram fordelt ud over
  hele dagen. Føler du, at du bliver mere glad for dit eget ud-
  seende, eller bliver du mere usikker omkring dig selv, fordi du
  måske ikke synes, at din egen profil er lige så flot som din

venindes eller de kendte modellers? Det kan sagtens være, at det er udbredt positivt for dig at være på Instagram, og jeg prøver ikke at påvirke dig til at tænke negativt. Find ud af, hvad der er positivt ved at registrere dine tanker, følelser og dine kropslige reaktioner. Overvej hvorfor du bliver glad for at være på Instagram og tænk over, hvordan dit liv ville se ud uden så meget Instagram.

- Fortsæt med at udspørge dig selv og undersøg, hvilke sociale medier, der måske er problematiske for dig og hvilke, der omvendt bidrager med noget godt til dit liv. Du kan også helt overordnet reflektere over hvad den tid, som du bruger på sociale medier, helt konkret kommer til at gå med. Som jeg har været inde på gennem bogen, er det f.eks. helt naturligt, at vi mennesker kommer til at sammenligne os selv med andre. Men det kan også være at du i mindre grad sammenligner dig, og i større grad finder inspiration. Overvej derfor, om du sammenligner dig med dine venner på Facebook, (mulige) kollegaer på LinkedIn, vennerne på Instagram og de kendte. Hvis det sker, at du kommer til at sammenligne dig selv med andre, kan du spørge dig selv, om du oplever, at andre ser ud til at have det sjovere, oplever flere rejsedestinationer, har en flottere kone, præsterer bedre og ser bedre ud, end du gør? Det kan også sagtens være, at det slet ikke er sådan for dig.

- Overvej om du, ligesom mange andre, bliver liket for alle dine overfladiske præstationer online, og om du bliver påvirket af dette? Overvej om du er god nok til at anerkende dig selv for de indre værdier, der tæller i dine *egne* øjne.

- Hvis vi bevæger os lidt i en anden retning, kan du også spørge dig selv, hvor ofte du tjekker f.eks. LinkedIn og Facebook i løbet af en dag, og hvordan du tjekker det?

Hvad bruger du tiden på, når du er logget på? Er det for underholdningens skyld og ville du bare lige tjekke, hvad du var gået glip af og kommer ofte til at nå langt ned af Facebooks startside, før du opdager, at der er gået ti minutter, og at du nu er ved at komme for sent?

- Har du tænkt over hvad den tid, som du bruger til at tjekke sociale medier, går fra i dit liv udenfor skærmen? Går det f.eks. fra tid til dine venner, din kæreste eller dine små børn?
- Overvej hvordan jeres skærmbrug ser ud i dit parforhold? Har I restriktioner for jeres skærmbrug, eller er I begge glade for at tjekke sociale medier flere gange i døgnet?

Jeg har nogle eksempler i min omgangskreds, som er i et parforhold, hvor de er begyndt at blive bevidste om, at de føler sig fravalgt om aftenen, hvis den anden ligger med sin telefon i sofaen eller sengen. Hvis du er én af dem, der har en fast aftale med din telefon, før dagen går på hæld, så spørg dig selv om det er et bevidst valg, og om du har taget stilling til hvilke fravalg der følger med? Hvad er vigtigst for dig og for jer? Snak om det og tal åbent om jeres behov. I et parforhold kan man ikke altid være enige, men det er vigtigt at lytte til hinandens behov og give plads til dem.

- For at fortsætte med fokus på det nærvær, vi har med de mennesker, som betyder noget for os i livet udenfor skærmen, kan du spørge dig selv hvor meget jeres telefoner fylder hjemme hos jer? Ligger de synligt fremme eller er de gemt væk? Har I dem ofte i jeres hånd, ved jeres side, enten ved aftensmaden eller i sofaen, når familien skal hygge? Er lyden fra diverse notifikationerne slået til eller er de slået fra? Hvad er jeres telefonpolitik, når I spiser? Tager I den, hvis I får et pludseligt opkald eller er dette et no go?

- Kommer skærmene i vejen og fylder kontakten til omverdenen måske mere end kontakten til familien imellem? Hvilken kontakt bliver nedprioriteret hos jer, og er det bevidst?
- Når du har stillet dig selv tilstrækkeligt med spørgsmål, kan du begynde at vurdere, om der er grund til at ændre din adfærd og hermed dit forhold til sociale medier. Måske er du glad nok for den måde, du bruger medierne på, og derfor er det slet ikke sikkert, at dit brug er problematisk for dig. Men det kan også være, at det lige er en tand for meget, fordi du slet ikke kan huske, hvornår du sidst lagde din telefon langt væk og ikke havde brug for at tjekke sociale medier en hel dag.
- Hvor meget fylder de forskellige medier i din hverdag? Fylder de lige tilpas, eller er der nogle der tager mere af din tid, end du synes, de burde? Ville du gerne have mere tid til nogle andre ting? Eller ville du bare ønske, at du i det mindste ikke havde en konstant følelse af, at du er nødt til at være logget på i frygt for at gå glip af noget? Fortsæt selv med at vurdere, hvilke argumenter der kan være i dit liv for at begynde at ændre dit brug af sociale medier.

TRÆF NYE VALG

Hvis du finder grund til at ændre dit brug af sociale medier, er der rigtig meget du kan gøre. Der er mange bevidste valg, du kan træffe, som du måske havde glemt, at du havde. Et nærliggende sted at starte kan være at tage din telefon op i hånden og lægge den fra dig. Find et godt sted i dit hjem, hvor den kan "bo".

Hjemme hos os har telefonerne fået plads i et hjørne i køkkenet, hvor vi ikke kan se dem fra spisebordet eller sofaen. Jeg har slået lyden fra på alle notifikationerne, så min telefon kun laver en lyd, hvis den ringer eller modtager en sms. Grunden til, at jeg har bevaret lyden her er, fordi der er en sammenhæng mellem folk, der ringer til mig eller sender mig en sms, og vigtigheden af deres kontakt. De fleste andre ting på sociale medier, plejer ikke at være lige så vigtige. Men bare fordi der kommer lyde fra min telefon, er det ikke ensbetydende med, at jeg reagerer. Når vi spiser aftensmad, tager jeg eksempelvis ikke et opkald, selvom jeg ikke kan undgå at høre, at den ringer. Dette er et *bevidst* tilvalg af nærværet med min familie og et *fravalg* af kontakten til andre uden for hjemmet i dette tidsrum.

'JEG TROR VI HAR GLEMT, AT DET AT BESVARE ET TELEFONOPKALD ELLER TJEKKE ALVERDENS TING PÅ VORES TELEFONER, ALTID ER PÅ BEKOSTNING AF NOGET ANDET OG DERMED OGSÅ INDBEFATTER ET FRAVALG'

De fleste dage er min telefon helt på lydløs. Det fine herved er, at det muliggør, at jeg 100 pct. selv kan bestemme, hvornår jeg har lyst til at gå hen til køkkenhjørnet og tage den op i hånden. Ulempen er selvfølgelig, at jeg kan være besværlig at komme i kontakt med, og det kan være dybt frustrerende for dem, der ringer til mig – det er klart. Men det er jo også et valg at prioritere at være sammen med dem, som er fysisk til stede sammen med en. Jeg er dog ikke fuldstændig fri for fristelsen af at trykke på skærmen indimellem, og det hænder da bestemt, at jeg gør dette uden at tænke over det. Det væsentlige er, at vi skænker det en tanke, efter vi er kommet til at trykke på skærmen i kraft af vores vaner. Det er alt sammen med til at skabe mere bevidsthed om brugen af vores telefon. Det sker dog mere hyppigt, at jeg trykker på skærmen ubevidst, hvis min telefon er tæt på mig, i modsætning til når den ligger i køkkenet. Ligeledes reagerer mange af os nok instinktivt, når vi har vores telefon lige ved hånden og hører, at der kommer en notifikation. Pludselig befinder den sig bare i vores hånd med magten over vores fingre, der er i færd med at tjekke sociale medier, mails eller nyhederne.

'FOR MANGE AF OS, ER DET ER GODT SKRIDT PÅ VEJEN AT STARTE MED LYDEN, I MODSÆT-NING TIL HELT AT SLETTE DE APPS, SOM VI BRUGER MEGET TID PÅ, FORDI DET GIVER OS MULIGHEDEN FOR AT ØVE OS I AT BRUGE DEM PÅ EN ANDEN MÅDE'

Et nærliggende eksempel er fra da vores søn var mindre, hvor jeg kan huske op til flere gange, hvor min telefon ringede mit i vores formiddagsmad eller aftensmad. Min søn, som havde en alder, hvor han jo ikke var bevidst om at det var mors telefon, kiggede blot rundt, fordi der pludselig var en melodi midt i fortæringen af en saftig kiwi eller lasagnen. Men vi lyttede bare til den, mens den ringede, for vi sad jo lige og spiste, og opkaldet kunne med garanti vente ti minutter, til vi var færdige. Vores søn er nu tre år, så han er blevet mere bevidst om vores telefoner. Forleden dag ringede den mens vi spiste aftensmad, og han spurgte hvem der ringede. Jeg svarede ham, at det måtte vi se bagefter vi havde spist.

Man kan selvfølgelig ikke undgå at ringetonen forstyrrer, mens den er der, men ved at italesætte overfor min søn, at vi ikke behøvede at reagerer på larmen i det øjeblik den rungede gennem huset, viser jeg ham, at det er mere vigtigt, det som ham og jeg er i gang med.

Det er, som om vi nogle gange glemmer, at det er en lovlig grund at være i gang med at spise med sin familie. Jeg var jo fysisk til stede herhjemme sammen med min mand og søn, så *de* ville være kommet til at vente på bekostning af én, der ikke var fysisk til stede, hvis jeg tog telefonen. Jeg tror vi har glemt, at det at besvare et telefonopkald eller tjekke alverdens ting på vores telefoner, altid er på bekostning af noget andet og dermed også indbefatter et fravalg. Vi bliver nødt til at blive endnu skarpere til at tage en beslutning om rent faktisk at begynde at vurdere disse valg og fravalg flere gange dagligt. For ellers tager telefonen valget for os, og så ved jeg godt, hvem af kiwien og ringetonen der vinder!

Det er samme pointe med at slå notifikationerne fra i mere eller mindre grad på forskellige apps. For mig fungerer det eksempelvis godt, at lyden er slået fra på Messengers notifikationer, så de små ansigter stadig popper op på skærmen, når de ankommer. Fordelen er herved, at jeg ikke behøver at høre det, og det er afgørende for, at jeg kan tage et aktivt valg om, hvornår beskederne skal fylde i løbet af min dag, og hvornår de ikke skal.

For nogle vil det nok fungere bedre helt at slukke for notifikationerne, mens det for mig fungerer godt blot at slukke for lyden, fordi jeg derved stadig har muligheden for at tjekke, om der er noget jeg skal forholde mig til, når jeg vel at mærke har prioriteret det.

Du kan også vælge helt at fjerne de apps på din telefon, der forstyrrer dig allermest. Ligesom jeg f.eks. gjorde med Snapchat tilbage på universitetet. Men for mange af os, er det er godt skridt på vejen at starte med lyden, i modsætning til helt at slette de apps, som vi bruger meget tid på, fordi det giver os muligheden for at øve os i at bruge dem på en anden måde. Dermed fjerner vi ikke adgangen til dem, og bliver derfor heller ikke ekskluderet fra fællesskabet. I stedet kan vi skabe nogle bedre vaner for os selv, ved bevidst at beslutte os for at bruge dem hver dag fra f.eks. kl. 16-17. Eller hvad der nu fungerer bedst for os.

Jeg tror, at det er sundt at blive mere bevidst om, hvad vi gerne vil bruge vores dage på, selvom det "bare" handler om timer og minutter. Da jeg var studerende, brugte jeg indimellem alt for meget tid på at besvare beskeder på Messenger, som overspringshandlinger, og mit hoved var dagligt ved at koge over. Jeg havde virkelig brug for en pause fra det, og selvom det burde være dét vigtigste, så var det ofte, det eneste jeg ikke formåede at holde.

For mig har det været vigtigt at træffe et valg om, at jeg ikke kunne besvare beskeder på alle mulige tidspunkter i døgnet, når jeg lige havde fem minutter. Jeg måtte lægge det ind som en aktivitet lige før aftensmaden, og jeg nåede det, jeg nåede. Det gjorde selvfølgelig, at jeg ikke havde tid til at prioritere, at kontakte alle dem, som jeg gerne ville. Men jeg kørte i et alt for højt gear, hvor jeg slet ikke kunne slappe ordentligt af. Og hvad er der så ved at holde kontakt til alle de mennesker, hvis min krop sagde stop? Jeg var nødt til at lytte til den.

Hvis du oplever noget lignende, er det vigtigt, at du træffer nogle nye og mere hensigtsmæssige valg. Måske er det i nogle helt andre situationer, hvor du kan mærke at dine vaner påvirker din evne til at slappe af, eller måske er det noget af det samme, der sker for dig. Måske sker det tit, at du kaster dig i sofaen og tænker: *Ummhm nu kan jeg lige slappe af!* Men i stedet fører dine fingre dig ind på Snapchat, Instagram eller Tiktok. Før du ved af det, har du brugt 30 minutter på at surfe rundt på sociale medier, se dine notifikationer og holde dig opdateret på dine bekendtes liv; og din hjerne er hermed spækket til med indtryk.

Føler du dig mere afslappet nu, end du gjorde da du satte dig i sofaen? Er du ærlig?

Mange af os har, som tidligere nævnt, bildt os selv ind at vi slapper af, når vi ser en serie på Netflix eller tjekker vores profiler på de sociale medier, lige inden vi skal sove. Men vores hjerne slapper ikke af, når vi fodrer den med informationsstrømme og masser af reklamer. Vi bliver konstant påvirket, og derfor er vi hele tiden "på".

Netflix kan selvfølgelig godt virke beroligende på os, i modsætning til det at gå på arbejde eller i skole, og derfor er der intet galt med at se Netflix. Vi skal bare huske, at hvis vi aldrig holder rigtige pauser, så giver vi ikke vores nervesystem ro. Det kræver dog enormt meget bevidsthed og selvkontrol for os at sætte os ned et øjeblik og overveje, om vi har brug for at haste videre, eller om vi har brug for at lægge os på sofaen i fem minutter og lukke øjnene. Derfor tror jeg, at det er så essentielt, at vi begynder at tænde for vores bevidsthed, så vi kan motivere os selv til at træffe nye valg, hvis vi eksempelvis kan mærke at vi aldrig får en pause.

SE OP OG SANS VERDEN

Et vigtigt element i den her vanebrydning bliver dog at forberede sig på, at det godt kan gøre lidt ondt at begynde at gå glip af mere, end man plejer. Det kan godt være lidt mærkeligt at begynde at sidde stille i sofaen og holde pause uden at have sin telefon på sig. For hvornår har vi sidst prøvet det? Det lyder måske relativt banalt, men det er det ikke nødvendigvis. Derfor er det vigtigt at putte noget endnu bedre ind i ens liv, som kan udfylde de huller, hvor man plejede at gå på de sociale medier (og her tænker jeg ikke på kage og nutella, for så får vi bare en ny afhængighed). Men samtidig er det vigtigt at huske på, at vi også har brug for pauser, hvor vi ikke er i gang med en aktivitet. For mig er et vigtigt budskab med denne bog, at vi skal øve os i at erstatte noget af skærmtiden med nærende samvær med vores nærmeste.

Det kunne f.eks. bestå i at have mere kvalitetstid med ens familie og børn, være mere sociale med ens gode venner eller gå en tur med hunden og kigge op i himlen og sanse verden foran os (i stedet for at se ned i vores telefon), for hold op, hvor er himlen i grunden storslået!

Som psykolog er jeg blevet enormt bevidst om, at lige netop mit brug af min telefon er den største tidsrøver til at aflede mig fra det vigtigste indhold i mit liv; nemlig kontakten til min mand og min søn. De "få minutter", som jeg tit lige bruger på at lave en overspringshandling, fordi jeg skal tjekke et eller andet, er tit dén mellemregning, der gør, at jeg ikke når at sætte mig på gulvet og være med i min søns leg, eller at jeg missede chancen for at kigge min mand ordentligt i øjnene, da han kom ind ad døren. Min telefon er selvfølgelig ikke eneansvarlig for denne berøvelse af min tid, men den bliver en del af ligningen. Og når jeg ser på det i bakspejlet ved jeg godt hvad jeg bevidst ønsker at prioritere i de givne øjeblikke – jeg glemmer det simpelthen bare, fordi jeg har for travlt.

Jeg tror, at vi har brug for tid og pauser til at øve os i at træffe bevidste valg om, hvad vi vil bruge vores liv på, og hvad vi vil tilvælge og fravælge. Mange af os har ikke overskud til at tænke videre over det, hvis alle pauserne bliver fyldt ud med Facebooks startside, Instagrams pastelfarver, Snapchats tilfældige billeder, TikToks videoer og LinkedIns karrierevisioner! Så måske er det ikke en selvfølge, at du allerede nu ved, hvad du vil bruge din nye mængde af tid på.

"VED AT TAGE STILLING, FÅR VI MULIGHED FOR AT VÆLGE, HVAD DER SKAL FYLDE I VORES LIV, OG PÅ HVILKEN BEKOSTNING DETTE SKER. OG DÉT SYNES JEG ÆRLIG TALT FORTJENER VORES OPMÆRKSOMHED! VORES LIV FORTJENER VORES FULDE OPMÆRKSOMHED"

Lige præcis hvad, der kommer til at virke bedst for dig, må du gå på opdagelse for at finde ud af. Det er kun dig, der kender dine prioriteringer og værdier. Det er helt væsentligt, at det er *disse*, der får lov til at sætte retningen for din opdagelse.

En måde, hvorpå du kan arbejde på at skabe et nyt forhold til sociale medier, er nemlig ved at se på, hvornår og hvordan dit nuværende forhold til sociale medier er problematisk. Hvor går dit – muligvis – ubevidste brug af sociale medier imod din bevidste prioritering af din tid? Hvor skal der ske nogle ændringer, så du får mere tid til det, der skaber værdi i dit liv?

For at hjælpe dig yderligere på vej, kan det være relevant for dig at overveje, om det er mængden af sociale medier, der fylder i din hverdag, eller om det er én specifik platform?

Er det f.eks. mange forskellige medier, der stresser dig unødigt, kan det måske give mening for dig at skære ned på adgangen til dem eller måden, de fylder på. Dette kan du gøre ved bevidst at logge af de forskellige apps, så du bliver nødt til at trykke på log på-knappen, hver gang du åbner en app. Det giver dig to sekunder mere til at overveje, hvorvidt du mener det alvorligt, at du er på vej ind på Facebook på trods af, at du kun har pause i fem minutter fra madlavningen.

Som vi lige har været inde på i afsnittet ovenfor med eksempler på, hvilke nye valg, jeg har måtte træffe, så kan du også fjerne bestemte apps på din telefon, eller blot slukke for lyden på dem, så du i det mindste ikke bliver forstyrret af dem, når du har lagt din telefon væk. Ligesom min telefon har fået en plads hjemme hos os, kan du placere din telefon uden for din rækkevidde. Her kan løsningen være en "telefonpose", der hænger på knagerækken ved entreen i jeres hjem, så du faktisk prøver at give dig selv en pause fra sociale medier. Ikke bare i fem minutter, men en time ad gangen, og kun tilgå posen, når der er en, der sender dig en sms eller ringer – hvis du altså ikke har sat telefonen på lydløs og dermed slipper for forstyrrelsen. Når du bliver rigtig "god", kan du endda lade værre med at gå hen til posen selvom, der er en der ringer eller sms'er. Det kan jo være, at du lige er i gang med noget vigtigere. Prøv det i et par dage – eller måske bare *et* døgn til at starte med.

Måske handler det for dig om, at du skal begynde bevidst at spørge dig selv om, hvorvidt de mange e-mails, beskeder og andre notifikationer du modtager, kan vente, eller om det er dit liv udenfor skærmen der skal vente? Hvad er egentligt vigtigst i det unikke øjeblik? Er det modsat et bestemt socialt medie, der sluger din tid, f.eks. som Instagram, kan du starte med at fokusere på dét og glemme alle andre sociale medier lidt. Få Instagram til at fylde mindre i dit liv, og tag det et lille skridt ad gangen. Start måske med at overveje, hvilke profiler og hashtags der skal følges. Er det kun nære bekendte, eller er det også alle topmodellerne og kendisserne med et liv, som kan være svært at leve op til? Derefter kan du overveje, hvor mange timer du opholder dig på Instagram i løbet af en dag. Er du én af dem, der hurtigt kan bruge fire timer derinde, vil jeg anbefale dig at skrue denne tid gevaldigt ned. Det kan også være, at du er en af dem, der bruger to timer på Instagram dagligt, og at du rigtig gerne vil begynde at se mere væk. I begge tilfælde kan du begynde at sætte tidsbegrænsning på, og del eventuel dette med din kæreste, en god ven eller dine forældre, så du bliver holdt op på, at der er en mening med at gøre det, når lysten er lige ved at overbevise dig om, at det er skørt at afvænne dig fra dit sociale mediebrug! Der findes også forskellige apps man kan bruge til at sætte tidsbegrænsning på ens skærmtid. De er blot et klik væk på Google, så det er også en mulighed. Lav en god argumentation over for dig selv og sig f.eks. højt, at du vil bruge Instagram mindre, fordi du har fundet ud af, at det gør dig mere usikker på dig selv, giver dig mindre tid til dine interesser eller hvad du nu kommer frem til – det ved kun *du*.

Hvad du prioriterer, vil nok være forskelligt fra øjeblik til øjeblik. Det essentielle er, at vi tager stilling til det. At vi tager stilling til, hvad vi vil bruge de mange forskelligartede minutter på, som ellers let kan blive taget for givet i hverdagen, der suser forbi os. Ved at tage stilling, får vi mulighed for at vælge, hvad der skal fylde i vores liv, og på hvilken bekostning dette sker. Og dét synes jeg ærlig talt fortjener vores opmærksomhed! Vores liv fortjener vores fulde opmærksomhed. Dette er både hvad angår vores drømme og tid, men det er også de mennesker, vi har omkring os. De fortjener vores øjenkontakt, og vi fortjener deres. Det skal vi huske hinanden på. Derfor bør vi tage stilling til hvilke detaljer, vi ønsker at opleve fuldt ud i livet udenfor skærmen, og hvilke detaljer vi kan undvære til fordel for at holde os opdaterede på sociale medier.

Vores selvværd fortjener også vores opmærksomhed. Hvis vi retter fokus mod vores evne til at elske os selv – vores evne til at "like" os selv for vores naturlige udseende og vores måde at være på – så tror jeg ikke, at vi ville være lige så afhængige af sociale medier. Vi er alle sammen gode nok som vi er, og hvis sociale medier får os til at tvivle endnu mere på os selv, så har jeg svært ved at se, hvordan brugen af dem, er det værd.

Dét er nogle af de overvejelser, som du kan gøre dig på din vej mod at skabe et liv i balance med de muligheder, som vores telefon giver os. Hvad vil du vælge at tildele din opmærksomhed og på hvilken bekostning sker dette?

Jeg ønsker dig en spændende rejse.

TIL FORÆLDRE

SÅDAN STARTER DU SNAKKEN MED DIT BARN

Det er min opfattelse, at forældre i dag kan have svært ved at hjælpe deres børn på sociale medier, fordi de ikke selv er vokset op med dem. De bruger dem i stedet med afsæt i, at de er voksne, så derfor er måden, de bruger dem på og bliver påvirket af dem, anderledes end hvis de havde været teenagere. Mange forældre har ikke selv været unge på sociale medier, så det kan være svært at relatere til, hvilke rammer deres børn vokser op i.

Men omvendt er mange forældre *selv* på sociale medier, så du kan overveje, om du kan nikke genkendende til nogle af de problematikker, som jeg har været inde på gennem bogen. F.eks. at vi sammenligner os med andre, og at dette både kan føre til, at vi bliver mere selvkritiske, at vi føler, at andre har et bedre liv end vi har, eller at vi får en følelse af, at vi altid er to skridt bagefter vores omgangskreds. Det kan også være, at du nemt kan komme til at tænke, at din teenagedatter godt nok bruger mange timer på at være opslugt i en skærm – men omvendt kan du heller ikke se dig fri for, at du gør præcis det samme. Ergo er I begge to en anelse afhængige af jeres skærmbrug, ligesom størstedelen af os alle må erkende, at vi er Min pointe er, at der trods alt kan være nogle ligheder ved jeres skærmbrug, og dem kan du med fordel drage nytte af og tænke over, hvordan I sammen kan lægge en mere hensigtsmæssig plan for at bevæge jer i en anden retning.

Det kan også være, at du selv dagligt er aktiv på Instagram eller Facebook, men har lidt svært ved at forstå, hvorfor det skulle være anderledes for din teenagedatter eller søn. Måske tænker du: *Hvordan skulle det kunne påvirke dem negativt? Jeg bliver jo glad, når jeg får likes på mine billeder og kan se, hvad mine venner delte om deres aften i går. Hvordan skulle det kunne give dem et dårligere syn på dem selv?* Forklaringen ligger i, at der er en stor forskel på, om man er 13 år eller om man har rundet de tredive. Ens hjerne er ikke udviklet til fulde i teenageårene og derfor kan man ikke altid efterrationalisere de billeder, som man ser på sociale medier. Man vil derfor have en større tilbøjelighed til at sammenligne sig med ens venner på Instagram og Facebook, end man vil, når man er voksen. Desuden er en af de vigtigste dele af ungdommen at spejle sig i ens venner, og dette medfører, at man vil gøre næsten alt for at være en del af gruppen. Man har derfor brug for fællesskabet og kan have enormt svært ved at logge af, når sociale medier tager for meget af ens tid. Unges hjerner evner ikke selv at tage ansvar for et øget skærmbrug, så de har brug for en voksen.

Jeg har fuld forståelse for, at det godt kan være svært at forstå sin datters oplevelse af Instagram, men det er rigtig vigtigt, at man spørger sine børn, hvordan *de* oplever deres brug af sociale medier, og det er altafgørende at lytte til lige præcis deres fortælling, om deres hverdag foran skærmen.

Som vi også har været inde på i løbet af bogen, så kan sociale medier, for mange børn og unge, føles som livsnødvendigt at følge med i, på grund af frygten for at blive ekskluderet socialt. Dette kan vi som udgangspunkt ikke lave om på, og derfor tror jeg, det er vigtigt, at vi forsøger at forstå deres perspektiv og rumme det. Hermed mener jeg, at vi ikke skal pege fingre og negligere deres følelse af isolation, hvis de ikke må være online i x antal timer. Giv udtryk for, at du godt kan se, at det er hårdt for dem. Giv dem et alternativ til skærmtiden, så de får noget andet at tænke på og tro selv på, at alternativet er godt givet ud, så de får et afbræk i livet online. Din teenagedatter vil formentlig ikke takke dig, men hun har faktisk brug for din hjælp, selvom hun ikke beder om den. Det kan ses som et grundvilkår ved sociale medier, at unge indimellem vil komme til at føle, at deres verden vælter, fordi de bliver afskåret fra det sociale i korte intervaller. Det er vigtigt at rumme denne frustration, men det er ikke ens betydende med, at man skal lade den styre deres liv – dét ville til gengæld være altødelæggende, fordi afhængigheden kan være svær at styre, selv for mange voksne.

'DET KAN SYNES UMULIGT AT LEVE OP TIL SMUKKE VENNER, KENDTE INFLUENCERE ELLER BLOT AT LEVE OP TIL SIT EGET IDEAL OM, HVORDAN MAN BURDE SE UD. DETTE KAN PÅVIRKE DERES TANKER OM DEM SELV, UDEN AT DE VED DET, FORDI DE SELV MÅSKE HAR SVÆRT VED AT SE OG MÆRKE, HVAD DE FLOTTE IDEALBILLEDER GØR VED DEM'

I mine øjne er en af de mest alvorlige konsekvenser ved børn og unges brug af sociale medier, at mange tror, at de skal se perfekte ud og endda være perfekte. Udfordringen er blandt andet her, at perfektionen er blevet et underliggende og usynligt fundament for størstedelen af børn og unges brug af sociale medier, og derfor er mange blevet blinde for det. Vi har derfor svært ved at opdage, at vi dagligt bliver påvirket af det, og derfor har de igen brug for en voksen.

Dét, at den perfekte selviscenesættelse er overalt i dag, har gjort det endnu sværere at være ung i dag. For den ældre generation, som ikke er vokset op med en verden online, og hermed det enorme mekka af muligheder, forstyrrelser eller fristelser internettet åbner op for, er det måske nemt at tænke, at det da umuligt kan være så slemt.

For nogle er det sikkert heller ikke så slemt, mens det for andre kan vælte hele deres verden på 10 minutter. Som forældre i dag til unge brugere af Instagram og andre sociale medier, er det vigtigt at stoppe op og få det sagt højt: *Hey! Det er ikke meningen, at vi skal være*

perfekte! Vi kan endda ende med at blive ulykkelige af denne jagt!
Dette kan være vigtigt at italesætte, fordi det er rigtig svært for unge at undgå at blive påvirket af den konstante perfekte selviscenesættelse. Det kan synes umuligt at leve op til smukke venner, kendte influencere eller blot at leve op til sit eget ideal om, hvordan man burde se ud. Dette kan påvirke deres tanker om dem selv, uden at de ved det, fordi de selv måske har svært ved at se og mærke, hvad de flotte idealbilleder gør ved dem. Dette kan være, fordi de ikke selv er klar over det, eller måske fordi "sådan er det jo". De er overalt, og alle vennerne bruger også Instagram og snakker om det, så det "gør man jo bare", hvis man vil være en del af legen. Men desværre oplever mange unge, at selvom de føler, at de er nødt til at være en del af det, så ved de ikke, hvordan de skal håndtere det. Det kan være forbundet med skam og flovhed at være ærlig overfor sine venner og fortælle, at man bliver selvkritisk, når man betragter perfekte billeder online, fordi vores egen usikkerhed kan bilde os ind at det kun er os, der bliver påvirket.

Eftersom, at måden hvorpå sociale medier påvirker børn og unge, kan være svært for dem selv at registrere, er det enormt vigtigt, at du som forælder taler med dine børn om deres brug af sociale medier. Jo yngre dine børn er og har adgang til livet online, både på You-Tube, TikTok, Snapchat og Instagram, des vigtigere er det at at tale om. Selvom de ikke selv kommer og siger det til dig, er der en vis sandsynlighed for, at dine børn bliver påvirket – måske uden de selv er klar over det.

Dog vil der bestemt også være børn, som ikke bliver negativt påvirket af deres brug, så det er omvendt også vigtigt, at man ikke "planter" dårligdommene i dem og ligger ordene i deres mund. Dette kan man undgå ved at stille åbne og nysgerrige spørgsmål, så man lader dem tænke selv og finde ud af, hvad deres egen oplevelse er.

Man kan f.eks. spørge om, hvad de har oplevet på sociale medier, hvilke billeder de godt kunne lide eller om de har skrevet om noget sjovt med deres venner. Spørg, hvordan deres dag har været på sociale medier, uanset om de selv ligger op til snakken eller ej. For mange falder det ikke naturligt, selv at komme og fortælle dig det, fordi sociale medier er noget mange børn og unge har for dem selv. Men det er vigtigt at begynde at åbne op for en dialog, så de har tillid til at kunne betro dig, hvis de en dag skulle opleve noget, som gør dem utrygge.

Når børn oplever nogle negative sider af sociale medier, kan det være svært at fortælle om, fordi børn hurtigt kan komme til at vende det indad og blive flove. Derfor kan de godt komme til at tænke, at det er pinligt at fortælle om, fordi: *Måske er det bare dem, der er særligt påvirkelige.* Men mange undersøgelser, som jeg har refereret til gennem bogen, viser at flere unge har det sådan, man har blot lettere ved at bilde sig selv ind, at det "bare er én selv", som den er galt med. Som forældre har du derfor en vigtig rolle, fordi de har brug for et tillidsfuldt rum, hvor der er plads til denne snak. For at det skal have en gavnlig effekt, er det vigtigt, at de kan mærke, at du helt oprigtigt gerne vil vide, hvad de har oplevet på sociale medier – både de gode ting, og de mindre gode ting.

Hvis du har brug for inspiration til at starte denne snak over aftensmaden eller om eftermiddagen oppe på værelset, så kan nogle af nedenstående tanker måske være dig en hjælp. Alt efter alderen på dit barn, er der nogle forskellige overvejelser, som du kan gøre dig. Læs gerne overvejelserne for det yngre barn først, da de kan give et fint fundament for at starte snakken med din teenager. Der er nemlig flere overlap, hvor sociale medier påvirker børn på samme måde uanset deres alder.

For læsevenlighedens skyld refereres der til det yngre barn med *ham* og til teenageren med *hende*.

- Du kan starte med at undersøge, hvor meget dit barn er online i løbet af en dag. Hvis du finder ud af, at det er op til flere timer dagligt, er det vigtigt, at du ikke kommer til at være fordømmende. Det er nemlig helt naturligt, at børn vil bruge skærmen alt det, som de overhovedet kan komme til, hvis der ikke er nogle rammer for dette brug. Dog er det ikke sundt for dem, og det er du nødt til at handle på. På trods af, at jeg påpeger, at du ikke må være fordømmende, er det ikke det samme som at sige, at du ikke skal gøre noget ved det. Som forældre kan vi godt tænke for os selv, at det er spild af tid, men hvis vi lader disse ord komme for meget ud af vores mund, skaber vi en indre modstand i vores børn mod at ændre den adfærd, som vi inderst inde ønsker for dem, og det er en dårlig start på dét, der skulle ligne et samarbejde – de kan ikke gøre det uden dig.

- Derfor er det vigtigt, at du som forældre skaber nogle mere hensigtsmæssige rammer og hjælper dit barn til at se mere op fra skærmen. Læg en fast skærmtid ind om dagen, og lad gradvist tiden blive mindre. Man kan ikke gå fra tre timer til et kvarter om dagen, for så bryder deres verden sammen. De har brug for, at I som forældre sætter et overskueligt mål, og sammen kan I skabe nogle bedre rammer. Måske kan du endda tage dit barn lidt med i de enkelte skridt mod nedtrapningen, så dit barn har mulighed for at få en smule ejerskab i denne forandring. Dette kan være en vigtig brik i at opleve en motivation for noget, som ellers kan synes at være tåbeligt i deres øjne; hvorfor stoppe med noget, der er så godt?

- Spørg dit barn, hvilke sociale medier han bruger. Måske er det TikTok, Snapchat eller YouTube. Hvilken én er bedst og hvorfor kan han godt lide at bruge tid derinde?

- Hvis dit barn bruger TikTok, kan du spørge ind til, om han selv lægger videoer op og i så fald, hvilken dans han har øvet sig på de sidste par dage. Det er relevant at fortælle dit barn, at det er vigtigt at huske at danse for ens egen skyld og at dit barn ikke behøver at dele alle sine danse på TikTok. Tit kommer vi til at få mere og mere lyst til at lægge videoer op på sociale medier, jo mere vi bliver glade for det. Dit barn har brug for din hjælp til, at det ikke tager overhånd.

- Hvis dit barn bruger Snapchat kan du spørge ham, hvad der er godt ved Snapchat. Måske vil han svare, at det er hyggeligt at følge med i, hvad hans venner laver. I forhold til Snapchat er det vigtigt, at du hjælper dit barn med at skabe nogle sunde vaner for, hvor tit man tjekker sin telefon. Et barn i denne alder kan ikke selv styre, hvornår det bliver for meget, så dit barn har brug for dig.

- På Snapchat kan børn opleve at blive meget optaget af at holde en igangværende samtale kørende gennem billeder, og for nogle kan det tage overhånd, fordi de gerne vil have en så lang streak som mulig! Dette kan betyde, at de skal lægge enormt meget energi i at tjekke deres telefon og svare deres ven tilbage, så samtalen ikke går i stå, og det kan være hårdt for dem. Det vil være svært for dig som forældre at overbevise dit barn om, at det slet ikke er så vigtigt, som det kan virke, fordi det – i hans verden – *er* enormt vigtigt. Prøv at sætte dig i hans sted og forsøg at forstå hans tankegang; vis og sæt ord på, at du gerne vil forstå det. Hvis det tager overhånd, kan du fortælle dit barn, at du som forældre kan se, at det faktisk ikke er godt for ham at bruge så meget energi, som du kan se, at han gør. Derfor er I nødt til at lægge en plan, som er bedre for ham. I kan f.eks. aftale at skære ned på tiden, som han bruger og dette kan helt konkret gøres ved, at I aftaler, at han svarer sine venner i et bestemt tidsrum, så han ikke skal gøre det på alle andre tidspunkter. Dette vil gøre at ansvaret tages væk fra ham, og at han får mulighed for at sænke skuldrene, når der ikke er skærmtid.

- Hvis dit barn bruger YouTube, kan du spørge ind til, om dit barn selv lægger videoer op eller om det godt kan lide at se andres videoer. YouTube er en kanel, hvor mange finder inspiration, men en del af mediet er også, at der er et stort fokus på at "blive set". Nogle børn drømmer om at blive en kendt Youtuber, og man kan godt komme til at sammenligne sig med de børn på ens egen alder, som har mange følgere. Spørg dit barn, hvad han kommer til at tænke, når han ser de videoer, som han godt kan lide. Vil dit barn også gerne kunne gøre det? Fortæl ham, at det er helt forståeligt, hvis han også får lyst til at få likes og kunne det samme, som den kendte Youtuber. Vi mennesker har svært ved ikke at sammenligne os med andre. Men vi behøver ikke at være ligesom alle andre, vi er nemlig dejlige, som vi er! Tal om, at der ligger meget arbejde bag at blive en kendt Youtuber, og det er ikke, fordi de er sejere eller bedre end dit barn, de har bare brugt mange timer på det. Hvis dit barn rigtig gerne vil blive god til at lave videoer, kan det sikkert blive lige så god som den Youtuber, dit barn ser op til. Bak dit barn op, men vær opmærksom på, hvad bevæggrundene er. Børns selvværd kan godt komme til at afhænge af deres profiler på sociale medier, og dette er ikke sundt i længden. De har brug for at synes godt om sig selv, uafhængigt af hvor mange likes de får.
- Hvis du oplever, at dit barn bliver negativt påvirket af sit brug af sociale medier, må du hjælpe det, så godt du kan. Det vigtigste er, at dit barn er tryg ved at dele sine tanker og følelser med dig.

Vi kan ikke ændre det faktum, at der foregår rigtig meget socialt på sociale medier, så dit barn vil føle sig ekskluderet fra fællesskabet, hvis han slet ikke må bruge sociale medier. Derfor kan en løsning være, at der er skærmtid fra kl. 15.30-16.30, eller mindre, så dit barn kan holde pause på alle andre tidspunkter af døgnet. I kan selv justere op og ned i tid, og for nogle kan det også give mening at have skærmtid to gange om dagen i kortere intervaller. Dette kan være en ide, hvis din søn finder det ekstremt urimeligt, at han ikke kan nå at tjekke vennernes svar på den besked, som han sendte om eftermiddagen, inden han går i seng. Hvis din søns venner er meget online, giver dette fin mening, og I må sammen finde en vej i det, som kan hjælpe din søn.

• Det er desværre en udfordring for mange forældre, at deres børn føler, at de skal bruge deres telefoner hyppigt. Snak med forældrene til dine børns venner, find ud af hvad rammerne er for dem, som dit barn kommunikerer, spiller eller chatter med online. Herved får du lettere ved at forholde dig til, hvordan rammerne kan være hjemme hos jer. Det er f.eks. en hård kendsgerning, hvis dit barns venner må sidde meget længere oppe om aftenen, men det kan være rart for dig at kende vilkårene for det sociale fællesskab, som dit barn har lyst til at være en del af. Dog er det vigtigt, at I som forældre, forsøger at træffe jeres egne valg, som I kan stå inde for. Bare fordi de andre må bruge deres telefon til kl. 22 er det jo ikke en selvfølge, at I synes, at det er en god ide. Måske orker deres forældre ikke at skabe nogle bedre rammer, men det bør ikke afholde jer fra at gøre det.

• I forsøget på at skabe sundere rammer for dit barns sociale medie- og skærmbrug, kan man med fordel også indlægge tidspunkter, hvor det ikke er tilladt at bruge sin telefon og det kan f.eks. være en halv til en hel time inden sengetid, og på andre tidspunkter, hvor der er familietid eller andet, hvor telefonen ikke skal være i centrum. Børns søvn er ekstrem vigtig for deres udvikling, og derfor er sunde telefonvaner særlig vigtige omkring sengetid. Du bliver garanteret ikke populær, men dit barn har brug for, at du sætter rammerne, og i stedet for skærmtid, kan I jo læse bøger eller gå en lille tur, så I udfylder tiden med noget, som dit barn reelt set har brug for; nærvær og tid med sine forældre.

DIT BARN ER TEENAGER

- Du kan starte med at undersøge, hvor meget din teenager bruger sociale medier, og hvilke medier hun foretrækker at bruge frem for andre.
- Derefter kan du spørge ind til hvad din teenager bruger sin tid på derinde. Nogle ser meget på mode, får inspiration til deres interesser; musik, sport m.m., mens andre godt kan lide at lægge billeder op af sig selv og se på andre, der poster flotte billeder.
- Spørg ind til, hvorfor din teenager godt kan lide at bruge tid derinde; hvorfor er det fedt? Hvilke af hendes venner bruger det også? Er det noget, som de har sammen?
- For at finde ud af, hvordan din teenager bliver påvirket af at bruge sociale medier, kan det give mening at spørge ind til de tanker, som hun får om sig selv eller om andre, efter at have brugt hele eftermiddagen på sociale medier. Man kan også spørge ind til de følelser, som kommer af at have brugt tid på det, som hun har brugt tid på, ligesom nogle også vil kunne mærke det på deres krop. Eftersom børn og unge ikke er vant til at blive spurgt om de her ting, kan det godt være svært for dem at vide, hvad de skal svare. Dette kan bunde i, at de faktisk ikke

ved, hvilke tanker de får, når de mærker en følelse. Derfor kan de godt tænke, at det lidt ligesom at snakke om rumvæsner på Mars; noget uvirkeligt og uhåndgribeligt. Det kan tage lang tid at blive bevidst om hvilke tanker, der opstår, når man er på sociale medier, så det er vigtigt ikke blot at spørge din teenager direkte, hvis du kan fornemme, at der er et stykke vej, før I kan nå dertil. Tag hellere for små, end for store skridt.

- En start kan være at sige noget a la det her, selvfølgelig med dine egne ord: *Jeg er blevet klar over, at mange unge går op i at få likes på sociale medier, og at mange også lægger flotte billeder op af sig selv. Selvom alle gør det, så kan det sikkert være svært at leve op til. Mange kommer til at tro, at de skal være perfekte. Så jeg vil bare gerne fortælle dig, at jeg er her for dig, og jeg vil gerne høre, hvordan det er for dig, når du er på sociale medier.* Nogle unge er mere bevidste end andre, og som forældre ved du måske allerede om din teenager, er en af dem. I så fald kan du også spørge din datter direkte, hvordan hun tror, at hun bliver påvirket af at være på sociale medier. Oplever din datter for det meste, at hun bliver glad af at være online? Eller kan hun faktisk sætte ord på, at hun tit bliver irriteret over at se nogle bestemte typer billeder osv.?

- Hvor meget fylder sociale medier for din teenager? Hvor meget tænker hun på sin profil eller på andres profilbilleder?

- Tager din teenager selv billeder og lægger op, eller betragter hun udbredt sine venners billeder? Hvis hun selv lægger billeder op, kan du spørge hvorfor hun godt kan lide det? Hvis hun ikke lægger billeder op, kan du spørge, hvorfor hun ikke gør det? Nogle har fået en idé om, at de ikke er gode nok til at tage flotte selfies, mens andre slet ikke interesserer sig for at vise sig selv frem. Men det er værd at spørge ind til, fordi det med *ikke* at føle sig god nok hænger for mange sammen med, at der er en helt bestemt kultur på Instagram, hvor børn og unge tror, at deres billeder skal være "Instagram-værdigt" for at kunne blive lagt op. Denne antagelse kan være problematisk at tage med sig videre i livet udenfor sociale medier, fordi den rummer en følelse af mindreværd, som kan være svær at rumme for unge.

- For mange unge kommer deres brug af f.eks. Instagram til at få en indirekte indvirkning på deres selvværd. Får de mange likes, synes de bedre om sig selv, og omvendt gør det modsatte sig gældende, hvis de ikke får nok likes. Spørg din teenager, hvad hun tænker om sit udseende og om hun går op i, hvorvidt hendes billeder modtager likes? Hvis din datter går op i det, er det vigtigt, at du anerkender hende for hendes svar, uanset om du tænker, at det er skørt at blive glad og ked af det afhængigt af likes. Husk at det er hendes virkelighed, som du spørger ind til.

- Hvis din teenager ikke går op i at lægge billeder op, kan du spørge ind til, hvad hun tænker om de likes, som hendes venner får? Hvad kan din datter mon komme til at tænke om sig selv, når dem, som hun følger på Instagram, får tonsvis af likes på sit udseende? Bliver din teenager usikker på sit eget udseende, når hun kan se, hvilket udseende, der får likes på sociale medier? Eller kan hun godt minde sig selv om, at det er en redigeret virkelighed?

- Som jeg har været inde på, er der et stort fokus på udseende i dag. Af samme grund, er der et enormt fravær af fokus på vores indre værdier som mennesker, og det kan være hårdt for unge, fordi de i forvejen går meget op i deres udseende og andres accept. Som forældre kan vi godt hjælpe vores børn med at ændre dette fokus bare en anelse.

Spørg din teenager, hvad hun er stolt af ved sig selv. Det kan være i forhold til interesser som madlavning, sport, venskaber eller frivillige interesser. Det kan også være i forhold til indre værdier, såsom at være en god ven, at være en omsorgsfuld søster, at være venlig og udadvendt på fritidsjobbet, eller at have nogle drømme og ambitioner, som giver et håb for verden. Giv hende anerkendelse for dét, for det er sjældent dét, de unge får likes på i dag.

- Unge har brug for at blive anerkendt for andet end deres udseende og deres præstationer. Faktisk har de enormt meget brug for det, det sker bare ikke i så hyppig grad på sociale medier. Se, om I sammen kan arbejde på at flytte det fokus, der er på at være smuk, perfekt og eftertragtet. Hvilket fokus skal I have i stedet for derhjemme? Kan I indrette jeres hverdag på en anden måde, hvor der er mere tid til nærværet i familien og mindre tid til at tjekke sociale medier, så du som forældre kan være med til at give din teenager et andet fokus? Det er nok tæt på umuligt at ændre dette fokus helt, men derfor kan I godt hjælpe jeres teenager ved at tilbyde et godt alternativ, så hun får en pause fra det.

- Overvej om din teenager ville have gavn af at læse enkelte dele af kapitel fire og snak med hende om, hvorvidt det er noget, som hun kan nikke genkendende til.

Selvom jeg er kommet med mange ideer til, hvad du kan spørge ind til ovenfor, er det ikke nødvendigt, at du kommer omkring det hele. Du skal blot se det som en inspiration; brug det, som du finder værdifuldt og glem resten. Find ud af hvad *du* finder meningsfuldt at spørge ind til for, at I får snakken i gang hjemme hos jer. Du kan ikke gøre noget forkert; de har bare brug for at vide, at du er der, og at de kan komme til dig, hvis det hele bliver for meget.

Det allervigtigste er, at børn og unge ikke står alene i dette univers på sociale medier. Eftersom det er kommet til at fylde enormt meget for størstedelen af børn og unge i dag, har de brug for, at vi som forældre interesserer os for deres hverdag på sociale medier. Og dét i sig selv er måske nok for mange.

NOTER

1. Deloitte, 2019, Millennials vil vende sociale medier ryggen, den 8. årlige undersøgelse Millennial & Gen Z Survey, tilgået d. 15.05-2020: https://www2.deloitte.com/dk/da/pages/about-deloitte/pressemeddelelser/millennials-sociale-medier.html

2. Harter, S (2012) *SELF-PERCEPTION PROFILE FOR ADOLESCENTS: MANUAL AND QUESTIONNAIRES*, University of Denver, pp. 1-47.

3., 5., 11., 17., og 26. Følgende studier undersøger sociale mediers indvirkning på unge, de fleste af dem særligt med fokus på Instagram og kropsopfattelse:

Baker, N., Ferszt, G. & Breines, J. G (2019) A Qualitative Study Exploring Female College Students' Instagram Use and Body Image, *CYBERPSYCHOLOGY, BEHAVIOR, AND SOCIAL NETWORKING, 22*(4).

Brown, Z. & Tiggemann, M. (2016) Attractive celebrity and peer images on Instagram: Effect on women's mood and body image, *Body Image, 19*.

Butkowski1, C. P, Dixon, T. L. & Weeks (2019) Body Surveillance on Instagram: Examining the Role of Selfie Feedback Investment in Young Adult Women's Body Image Concerns, *Sex Roles, 81*

Chang, L., Li, P., Lohc, R. S. M. & Chua, T. H. H. (2019) A study of Singapore adolescent girls' selfie practices, peer appearance comparisons, and body esteem on Instagram, *Body Image, 29*.

Chua, T. H. H. & Chang, L. (2016) Follow me and like my beautiful selfies: Singapore teenage girls' engagement in self-presentation and peer comparison on social media, *Computers in Human Behavior, 55*.

Choukas-Bradley, S., Nesi, J., Widman, L. & Higgins, M. K (2019) *Camera-Ready: Young Women's Appearance-Related Social Media Consciousness,* Psychology of Popular Media Culture, Vol. 8, No. 4, 473–481

Fardouly, J., Willburger, B. K. & Vartanian, L. R. (2018) Instagram use and young women's body image concerns and self-objectification: Testing mediational pathways, *new media & society, 20*(4).

Fardouly, J. & Rapee, R. M. (2019) The impact of no-makeup selfies on young women's body image, *Body Image, 28.*

Hendrickse, J., Arpan, L. M., Clayton, R. B. & Ridgway, J. L (2017) Instagram and college women's body image: Investigating the roles of appearance-related comparisons and intrasexual competition, *Computers in Human Behavior, 74.*

Holland, G. & Tiggemann, M (2016) A systematic review of the impact of the use of social networking sites on body image and disordered eating outcomes, *Body Image, 17.*

Kleemans, M., Daalmans, S., Carbaat, I. & Anschütz, D. (2018) Picture Perfect: The Direct Effect of Manipulated Instagram Photos on Body Image in Adolescent Girls, *Media Psychology, 21*(1).

Marino, C., Gini, G., Vieno, A., & Spada, M. M. (2018). A comprehensive meta-analysis on Problematic Facebook Use. *Computers in Human Behavior, 83.*

Mingoia, J., Hutchinson, A. D., Wilson, C. & Gleaves, D. H. (2017) The Relationship between Social Networking Site Use and the Internalization of a Thin Ideal in Females: A Meta-Analytic Review, *Frontiers in Psychology, 8.*

Saiphoo, A. N. & Vahedi, Z. (2019) A meta-analytic review of the relationship between social media use and body image disturbance, *Computers in Human Behavior, 101.*

Stapleton, P., Luiz, G., & Chatwin, H. (2017) Generation Validation: The Role of Social Comparison in Use of Instagram Among Emerging Adults, *CYBERPSYCHOLOGY, BEHAVIOR, AND SOCIAL NETWORKING, 20*(3).

4. Festinger, L (1954) A Theory of Social Comparison Processes. *Human Relations*, 7(2), pp. 117-140.

6. og 22. Følgende to teoretikere gør sig tanker om en stigende grad af konkurrence i samfundet:

Pedersen, O. K. (2011) *Konkurrencestaten,* Hans Reitzels Forlag, 1. udgave, 5. oplag.

Petersen, A. (2016) *Præstationssamfundet,* Hans Reitzels Forlag, 1. udgave, 1. oplag.

7. Ottosen, M., H., Andreasen, A., G., Dahl, K., M., Hestbæk, A., Lausten, M., Rayce, S., B (2018) *Børn og unge i dag –Velfærd og trivsel.* Rosendahls: København, pp. 6-9.

8. Følgende artikler og kapitler beskæftiger sig med en øget præstationskultur og dens indvirkning på unges selvfølelse og trivsel:

Rohleder, M. (2019) *En ungdom under pres,* Gymnasieskolen.dk: https://gymnasieskolen.dk/en-ungdom-under-pres

Juul, G. K. & Østergaard, S. (2016) *Ung i en præstationskultur: jagten på kontrol, tryghed og frikvarter.* Center for ungdomsstudier: ungdomsanalyse.nu. 1. udgave, 1. oplag. Frederiksberg: Danmark, pp. 1-112.

Sørensen, N. U. & Nielsen, J. C. (2014). Et helt normalt perfekt selv. Konstruktioner af selvet i unges beretninger om mistrivsel. *Dansk sociologi.* Vol 25 (1), pp. 33-54.

9. Rashid, I. *SLUK* (2017), Lindhardt og Ringhoff.

10. Workman, L. & Reader, W. (2008) *Evolutionary Psychology AN INTRODUC-TION.* Cambridge

12. Følgende beskæftiger sig med hjernes udvikling i ungdommen:

Casey, B. J, Getz, S. & Galvan, A. (2008) The adolescent brain. *Developmental Review, 28.*

Gardner, M. & Steinberg, L. (2005) Peer influence on risk taking, risk preference and risky decision making in adolescence and adulthood: An experimental study. *Developmental Psychology, 41.*

Spear, L. P. (2008) The psychobiology of adolescence. In K. K. Kline (Ed.), Authoritative communities: The scientific case for nurturing the whole child. New York: Springer Science.

Steinberg, L. (2008). A social neuroscience perspective on adolescent risk-taking. *Developmental Review, 28.*

Steinberg, L., Albert, D., Cauffman, E., Banich, M., & Graham, S. (2008) Age differences in sensation seeking and impulsivity as indexed by behavior and self-report: Evidence for a dual systems model. *Developmental Psychology, 44.*

13. Yurieff, K. (2019) Instagram is now testing hiding likes worldwide: https://edition.cnn.com/2019/11/14/tech/instagram-hiding-likes-globally/index.html

14. Christensen, C. D. (2021) https://underholdning.tv2.dk/2021-05-26-nu-kan-du-skjule-likes-paa-instagram

15. Denhardt, K. L. og Mark, J. (2020) *Forslag til folketingsbeslutning om tydeliggørelse af soiale mediers ansvar i forhold til at fjerne ulivligt indhold.* https://www.retsinformation.dk/eli/ft/20191BB00116

16. Christensen, K. M. og Christensen, M. Ø. (2020) *Slut med at retouchere selfies i skjul: se de 13 nye retningslinjer for influencere.* Dansk Journalistforbund. https://www.dr.dk/nyheder/kultur/slut-med-retouchere-selfies-i-skjul-se-de-13-nye-retningslinjer-influencere

18. Neff, K. (2003) The Development and Validation of a Scale to Measure Self-compassion, *Self and Identity, 2.* Psychology Press.

19. Goffman, E. (1959). *The Presentation of Self in Everyday Life.* London, Penguin Books.

20. Magasinet for fagforeningen Kommunikation og Sprog (2018): https://kommagasinet.dk/her-er-klodens-10-stoerste-sociale-medier-facebook-og-youtube-dominerer-massivt-2/

21. DR Medieudviklingen (2020) https://www.dr.dk/om-dr/fakta-om-dr/medieforskning/medieudviklingen/2020 Pdf: file:///C:/Users/kathr/Downloads/medieudviklingen_2020_v2_53f01f21.pdf

23. Brinkmann, S. (2014) *STÅ FAST – Et opgør med tidens udviklingstrang,* Gyldendal Buisness.

24. Kahneman, D. (2014) *At tænkte hurtigt og langsomt,* Lindhardt & Ringhof.

25. Matlin, M. W. (2009) *COGNITIVE PSYCHOLOGY,* 7'th. ed. Wiley.

27. Nelson, J. et Goodall, A. (2019) *BBC Special: Odd One Out.* IMDb produktion.

28. Artikel bragt på videnskab.dk (2020), *Mobiltelefoner er smurt ind i bakterier. Daglig desinficering kan hjælpe mod sygdomsspredning*: https://videnskab.dk/krop-sundhed/mobiltelefoner-er-smurt-ind-i-bakterier

29. Mischel, W (2015) *Skumfidustesten. Nøglen til selvkontrol*. Klim.